U0127961

贛文化通典

——宋明經濟卷　第一冊

代序

邵鴻

　　南昌大學鄭克強教授主編的《贛文化通典》即將出版。這部大書，是我期盼已久、很有意義的一項工作。自一九九四年江西出現贛文化研究熱潮以來，江西歷史和文化研究成績可觀，《贛文化通典》是又一新的重要成就，可喜可賀！克強索序於我，盛意不能不有所應命。近年我寫過好些綜論贛文化的文字，特別是在《江西通史》導論中有較系統的闡述，似乎沒有重複的必要。然而講贛文化，不能不從「贛」字說起，恰恰在這個基本點上，其實還有工作要做。因此，我想借此機會從辭源學的角度，把對「贛」字的兩點認識寫出來，命曰「說贛」，權充序言，為《贛文化通典》做一個開篇鋪墊並向大家請教。

　　第一個問題，關於贛字的起源和演變。

　　因為資料限制，這一問題曾難以解答。

　　在傳世文獻中，「贛」最早出現於春秋戰國時期。如孔門高足端木賜，字子貢，貢在古籍裡常寫成贛或顟，贛有賜予之意，名字正相配合。贛也常用作通假字，借為愚戇、戇直之戇。成書於戰國的《山海經・海內東經》：「贛水出聶都東山。」郭璞注：「今贛水出南康南野縣西北，音感。」同書《海內經》：「南方有

贛巨人，人面長唇，黑身有毛，反踵，見人笑亦笑，唇蔽其面，因即逃也。」這兩條記載不僅是先秦古籍中「贛」字的實例，而且公認是與上古江西地區有關的史料。從此，贛就和江西有了不解之緣。

但在東漢許慎的《說文解字》裡，卻沒有贛字。與之相當的，是字，該書卷六：「贛，賜也。從貝，竷省聲。贛，籀文。」清段玉裁注云：「之古義古音，皆與貢不同。」因為依據有限，段說並未得到廣泛認同。

近幾十年來，先秦秦漢時期的簡牘、帛書、璽印、銘刻等考古材料大量出現，古文字學界對贛字的認識有了決定性突破。從李家浩先生獨具慧眼破解「上贛君之諨璽」開始[1]，人們逐漸認識到，戰國時期贛字有歆、歡、贛、贛、竷等形體，基本構造是從章、從欠、從貝，欠亦為聲符。我們今天熟悉的贛字，實際上是「贛」、「贛」等形的訛變和俗體字[2]。後來贛一直有兩種讀音，一讀幹，一讀貢[3]，應與此有關。在此基礎上陳劍先生又發現，早在西周金文中已有贛字，作飙、勍等形，是一個會意字，像人以雙手賜予玉璋，意為賞賜。後來右邊的勹演變為欠，

1　李家浩：《楚國官印考釋》，《江漢考古》1984 年第 4 期。

2　參何琳儀《戰國古文字典戰國文字聲系》下冊，第 1453-1455 頁；黃德寬《古文字譜系疏證》第四冊，第 4041-4043 頁；滕壬生《楚系簡帛文字編》增訂本，第 517 頁；李運富《楚國簡帛文字構形系統研究》，第 129-130 頁。

3　如《集韻》贛江之贛讀為古暗切，贛賜之贛讀為古洞切。

遂形成了贛字的早期形體「歕」[4]。陳說得到古文字學界較普遍的認可，可以信據。由此可知，上古贛字字形、字音確不從貢，許慎錄「贛」而非「贛」表現了大師的精審，但也有小誤，段玉裁的有關見解則實屬卓識。

　　近期我對古文字材料中的贛字做了進一步考察，得出的認識是：戰國及秦代相關諸字出現較多（特別是在數量頗豐的楚、秦系簡帛文獻中），而「贛」字則尚未見[5]。從已知材料看，「贛」字最早出現在西漢初年馬王堆漢墓帛書《春秋事語》中，用於子貢之名。可能抄寫於西漢前期的定州漢簡《論語》，子貢也有寫作「子贛」或「子贛」（當為贛的異體）的[6]。東漢碑銘中亦有實例，如《譙敏碑》及熹平石經《論語》[7]。但漢代古文字資料中「贛」字實例相對很少，馬王堆帛書裡贛字多作「贛」、「贛」、「贛」等形，但「贛」僅上舉一例；《漢印文字彙》共收入三十九個贛字，只有兩個從貢，一作「贛」，一作「贛」；在諸多漢簡及湖南長沙走馬樓三國簡資料中，贛也絕大部分從貝而

4　陳劍：《釋西周金文的「（贛）」字》，《北京大學古文獻研究所集刊》（一），北京燕山出版社 1999 年版。

5　雲夢睡虎地秦簡《日書》中有一「贛」字，可能為「贛」字的或體，待證。另新出湖南龍山裡耶秦簡中數見「贛」字，也很值得注意。

6　河北省文物考古研究所定州漢墓整理小組：《定州漢墓竹簡〈論語〉》（文物出版社 1997 年版）。需要說明的是，該整理小組將簡本中十餘例子貢、子贛全部隸定為「子贛」、「子贛」，但據公布的部分摹本，實際多數也作贛、贛之形，只有個別從貢。

7　據《隸釋》卷十四《石經〈論語〉殘碑》，「子贛」、「子贛」各三見。

不從貢。總的來說，西漢以來伴隨著隸書的發展，「贛」字出現漸多，但更流行的寫法仍然是從貝的「贛」、「䶒」、「贛」等形。此外，「韻」雖已出現，但極少見（目前僅見一例，應為東漢之印）。

到魏晉時期，「贛」可能已成為普通寫法，「韻」字也流行起來。曾經引起「蘭亭序」真偽之爭的東晉贛令王興之、王閩之父子兩墓誌三見「韻」字[8]，這是六朝使用「韻」字以及已知最早將江西贛縣寫作「韻」的實例。此後，除了少數學者（如唐代開成石經《五經文字》和宋代《廣韻》的作者等），一般人已是只知有「贛」，不知其始了。

瞭解贛的本字和演變，不僅是解說贛文化的第一步，而且也有其他意義。比如由此可以更好地利用新出考古和古文字資料研究江西上古史，又比如我們可以知道，今天所見先秦兩漢乃至更晚古籍中的「贛」或「韻」字，其實是後來抄刻而成，並非本來面目。因而，自劉宋劉澄之以來聚訟一千數百年的「章、貢成贛（水）」之說的確是不能成立的[9]，反而是北宋歐陽忞《輿地廣記》先有贛水、後有章、貢的說法更值得重視。

第二個問題，以贛為江西簡稱始於何時？

江西稱贛，無疑因為縱貫全境的贛江之故。贛水至晚戰國已

8　南京市文物保管委員會：《南京象山東晉興之夫婦墓發掘報告》，《文物》1965 年第 6 期；南京市文物保管委員會：《南京象山 5 號、6 號、7 號墓清理簡報》，《文物》1972 年第 11 期。

9　劉說見《水經注》卷三十九引。

經得名，然而以「贛」代稱江西從什麼時候開始？這一問題向少討論，近來翻檢史料，發現這其實是很晚近的事情。

西漢初年，在今章、貢二水匯流處設贛縣，屬豫章郡。此後贛縣歸屬屢有變更，隋唐以來屬虔州，為州治。在很長時間裡，凡言贛、贛人，均指贛縣而言。如唐代著名書法家鐘紹京，《資治通鑒》卷二〇九說他是「灨（贛）人」，新舊《唐書》本傳則說是「虔州贛人」[10]。又如蘇東坡謫貶北歸期間，與友人書信屢言「度嶺過贛」、「候水過贛」、「已到贛上」，又有名詩《八月七日初入贛，過惶恐灘》，「贛」也都是指贛縣和虔州州治之地。

宋高宗紹興二十三年（1153），以虔為虎頭不祥，改虔州為贛州。此後，「贛」更多的時候是指贛州（府）全境。試舉數例：

> 江西（風水）之法，肇于贛楊筠松、曾文辿。及賴大有、謝世南輩，尤精其學。（《王忠文集》卷二十，《叢錄》）
>
> 紹熙癸丑之秋，贛境大水，至浸淫於（信豐）縣鼓樓兩樟之間。（《夷堅志丙》卷一）
>
> 江西山皆至五嶺、贛上來，自南而北，故皆逆。（《朱子語類》卷二）

---

10 類似的例子如《九江記》（《太平御覽》卷四二五引）：「王植新，贛人也」；《資治通鑒》卷二六七：「（廖）爽，贛人也」；同書卷二七六：「匡齊，贛人也」，其實說的都是「虔州贛人」。

　　明正德十一年（1516），朝廷設「巡撫南贛汀韶等處地方提督軍務」，嘉靖四十五年（1566）定為南贛巡撫，下轄南安、贛州、韶州、南雄、汀州等府。清初延續，至康熙四年（1665）正式撤銷。這一時期並延及清代中後期，「贛」一般仍指贛州府境，但範圍有擴大的趨勢。贛州與原從虔州分出、清代又同屬嶺北道（後改贛南道）的南安，在稱謂上逐漸接近，「南贛」、「贛南」成為習語。因此，有時就有以贛代指南、贛情形出現。如《明儒言行錄》卷八：「贛人性矯野，（王守仁）為立十家牌法，作業出入有紀，又行鄉約，設社學，教郡邑子弟歌詩習禮……嶺北風俗，為之丕變。」既云「嶺北」，顯然是指南、贛二府之地。又明《李友華墓誌》：「（萬曆中）巡撫南贛……在贛十四年，威惠甚著」；《盛京通志》卷七十七《胡有升》：「（順治五年）以總兵出守南贛……六年致仕，贛人思其德。」這裡單言的「贛」，則是包括南贛巡撫轄區而言了。

　　儘管內涵逐步擴大，但直至清後期，「贛」一直只是局促於江西南部一隅，並未成為全省概稱。歷史上，江西的概稱有豫章、江西、江右、西江等，元明時期隨著江西行省的設立，也稱江、江省，「江」成為江西簡稱[11]。清代朝廷詔奏及官方文書中

---

11 如元人虞集《貢院題名記》：「夫江省，所統郡二十，多以文物稱」；明歐陽鐸《黃鄉保築城碑》：「贛，江省邊邑也」；李振裕《與吉水王明府書》：「江省理學，海內所推」（以上引文均見同治《江西通志》的《藝文志》，該志類似例子很多，不俱引）。又清計六奇《明季北略》卷二十一《李邦華》：「今冀增兵以扼險，江撫駐九江，贛撫駐吉安，以壯虎豹當關之勢。」可見當時「江」、「贛」之別是明顯的。

大量使用「江省」、「江境」、「江撫」、「江、閩」、「江、粵」等語，曾任江西巡撫的蔡士英有《撫江集》一書，說明清代仍然通行。

但「江」作為省稱，易與江蘇和黑龍江相混（清代兩省也可稱「江」或「江省」），因而最終未能持久通行，「贛」逐漸取代「江」成為江西簡稱。現在可斷言的是：清末江西稱贛已經普遍流行。檢《近代期刊篇目匯錄》[12]，最早有光緒二十三年（1897）十月初五日上海《集成報》轉載《申報》「贛省西學」報導，光緒二十七年（1901）有「贛撫被參」、「贛撫李議複新整事宜折」、「贛試不停」、「贛出教案」等報導，從此到光緒三十四年（1908），江西、北京、上海、南京、廣州、重慶、武昌、廈門、山東等地多種報刊關於「贛」省的報導多達六十條，其後宣統時期短短三年亦近六十條。複檢《清實錄》，咸豐、同治時期官方詔奏中「贛」仍然專指贛州或南贛，「江」則依舊為江西簡稱，至光緒二十九年（1903）「贛省」出現，以後不斷增多，迄光緒末共計六處；《宣統政紀》涉及「贛」省之文激增，多達二十處。承廖聲豐博士協助檢索第一歷史檔案館所藏清宮中檔和軍機檔，情況和《實錄》相似。自光緒三十一年（1905）護理江西巡撫周浩就釐定江西營制章程上奏摺中首見「贛省」，此後亦逐漸增多。其他例子還有很多，如光緒三十年（1904）出版的《江

---

12 南昌大學歷史系內部資料本，2005 年。

西官報》已見「贛省」字樣[13]；光緒三十一年（1905）浙江發生「浙贛鐵路交涉」風波[14]；光緒三十三年（1907）江西鑄造發行贛字款銅元；三十四年（1908）七月，留日江西留學生創辦《江西》雜誌，萍鄉湯增璧作《警告全贛書》、《比較贛人與江浙人之對路事》、《贛事拾遺》等文[15]；同年江西洋務局汪鐘霖《贛中寸牘》印行，等等。這些例證均可證明，光緒末年「贛」稱已極普遍，而且民間較公文使用要更早一些。不過應指出的是，清末江西「江」的概稱並沒有立即被完全取代，而是與「贛」並用，入民國後才逐漸消失。

　　不言而喻，「贛」稱的流行一定不始於光緒末年，而應有一個發展過程。但究竟早到何時，則還需要研究。《清史稿》有以下三條有關記載：

　　《列傳》一五八《牛鑒傳》：

　　「（道光二十二年〔1842〕耆英等）合疏以保全民命為請，略曰：江寧危急，呼吸可虞，根本一摧，鄰近皖、贛、鄂、湘，皆可航溯。」

　　《列傳》二百七十七《王東槐傳》：

---

13 《江西官報》當年第十四期載黃大壎、陳三立等人關於創辦機器造紙公司的呈文，其中言及：「竊贛省土紙，實為大宗，而海關洋紙，日益進步。」

14 浙江同鄉會當年在日本印行《浙贛鐵路事件》一書（國家圖書館古籍部藏），對此有較詳記載。

15 參周年昌《湯增璧先生傳略與研究》，《中國民主革命的先驅——湯增璧》，甘肅人民出版社 2011 年版。

「（道光三十年〔1850〕奏言）若開礦之舉，臣曾疏陳不便，順天已停，而湘、贛等省試辦，驚擾百姓，利害莫測。」

《列傳》二百十《王拯傳》：

「（同治三年〔1864〕疏言）擬請飭贛、皖、楚、粵各疆臣，值此事機至緊，無論如何變通為難，總當殫竭血誠，同心共濟。」

按說有這幾條證據，本可以認為道、同間稱江西為「贛」已漸流行。但鑒於以下幾方面原因，我以為還有可疑。

其一，我翻檢了很多咸同時期的史料，未見江西稱「贛」確證；儘管說有易，說無難，特別是我的閱讀面相對於浩如煙海的同期史料當然還是太少，但問題是《實錄》和檔案材料也是如此，這就不能不慎重了。

其二，我一度認為是同治年間江西稱「贛」鐵證的趙之謙文獻被否定。同治十一年（1872）冬，著名學者和藝術家趙之謙到南昌，協助巡撫劉坤一撰修《江西通志》，光緒十年（1884）逝於江西。其間他在書信中多有談及在「贛」情形，並有《贛省通志》部分手稿存於上海圖書館[16]。但近詢該館有關人士，「贛省

---

16 近年文物拍品中有不少涉「贛」的趙氏手札，如「弟自到贛以來，終日銜參，一差未得，暫居客館，草草勞人」（西泠印社有限公司 2009 年春拍品，見博寶拍賣網）；「到贛兩年僅以志書一差，月薪不滿四十，一家八口何以支持」（中貿聖佳國際拍賣有限公司 2006 年春拍品，見同上）；「擬於初冬往贛，為稟到候補之急務也。吾哥如有信致贛，可預書就弟便帶去」（北京中漢 2011 年秋拍品，見中國收藏網）；「賀太尊定於正月初十日接首府印，大得蔣公心，到贛總在二月

通志」四字非撝叔親筆，而是民國收藏者的題識；而當下拍賣會上出現的諸多趙氏涉「贛」書札，權威的趙之謙墨蹟集中不見著錄，公認真品的趙氏書札只說「江西」、「江省」、「江右」、「豫章」等，因而疑點甚多。筆者特請教清華大學古代書畫鑒定專家邱才楨博士，他斷然認為這些拍品全為低仿贗品。據此，以往著錄中個別涉「贛」的趙氏書信，也就難為信據了。

其三，《清史稿》成書於民國，編撰者往往用當時語言概括史料，包括詔奏文字。舉一個類似的例子，《德宗實錄》載：光緒二十九年七月護理江西巡撫柯逢時奏：「贛省義寧、新昌二州縣交界地方，有黃岡山，久經封禁。」同年《江西官報》上刊登了奏摺原文，詳盡很多，但這一段內容相同，唯「贛省」寫作「江西」。這顯然是宣統年間實錄館臣綜述奏摺時做了改動。因而，《清史稿》的上述三條材料，也就值得存疑了。至少，《牛鑒傳》一條明言「略曰」，說明經過作者概括而非原疏文字。

因此，江西簡稱為「贛」的約定俗成，可能還是光緒朝即十九世紀七〇年代以來的事情。我推測清末民初「贛」逐漸替代「江」成為江西簡稱的原因，應與電報的應用有關。因為費用的昂貴使電報文字大量使用簡稱，並且要求精確規範，不易誤解。

初間，速則正月之杪」（上海鴻海商品拍賣有限公司 2010 年秋拍品，見博寶拍賣網）。又《悲庵手札真跡》上冊亦有一札云：「到省數月，未獲一差，日用應酬，支持不易。贛地之柴米，較吾浙價賤，惟房租甚貴」（民國十四年碧梧山莊石印本）。《贛省通志》稿本見《上海圖書館地方志目錄》，1979 年自印本，第 289 頁；《上海圖書館藏明清名家手稿》，上海古籍出版社 2006 年版，第 74 頁。

鑒於電報在中國的流行正是一八七〇年代以後的事情，這一推測不為無據。我很希望，有更深入的研究可以證明或證誤我的觀點。但顯然，相比於許多省份，如蜀、粵、閩、晉、豫、皖、滇、黔、浙、陝等簡稱的確定均不晚於明代，江西稱贛是很晚的事情，距離現在僅百餘年。由此，「贛」也走完了它從小到大的歷史道路。

搞清贛作為江西簡稱的時間也是有意義的，至少讀古籍時可避免犯錯。比如，我們不能把古籍中絕大部分的「贛」當作江西看待；又如在清代檔案整理擬題或寫文章時，將清初江西稱為贛省、江西巡撫稱為贛撫也屬不夠嚴謹。此外，以贛稱來鑒別書畫文物，則是一種辨偽的有效手段。

兩點認識已如上述。以考據文章代替序言，似乎不合常規。但我想，上述心得對贛文化研究應有裨益，故而還是大膽寫出，以供批評。同時我想說，對贛字的考察讓我聯想到：對於絢麗多彩、豐富深厚的江西歷史和文化來說，不僅研究天地極為廣闊，而且可能還有許多實屬基本的問題仍待關注和解決。研究者需要更加腳踏實地，勤奮努力，細緻深入，堅持不懈，才能把研究做到佳境，臻於一流。這是我所熱切期望於南昌大學各位朋友的。

二〇一一年最後一日於京華

序

周文斌

　　煌煌鴻制的《贛文化通典》即將付梓刊行，鄭克強教授主其事，並囑我作文以序之。這部大書，由數十位南昌大學的同仁參與編撰，是教育部「二一一」重點專案「贛學」的標誌性成果。由此我想起了孔憲鐸教授在《我的科大十年》中所說：「現代研究型的大學，多有三個功能：教學、研究和服務社會。為此科大要求所有的教員既要是教學的良好的教師，又要是研究的優秀學者，也要是對香港乃至中國南部的經濟和社會發展有貢獻的好公民。三者合而為一，缺一不成。」[1]南昌大學作為江西省最重要的高等教育機構，在江西省無疑是一個高層次人才聚集的淵藪。我們的教師隊伍，同樣既要做教學的良師，又要做研究的優秀學者，同時也要做對江西省及周邊地區經濟和社會發展有貢獻的好公民。

　　在世界範圍內，所有優秀的公立大學都將公共服務作為重要的辦學宗旨，比如美國最好的公立大學——加州大學伯克利分校

1　孔憲鐸：《我的科大十年》，北京大學出版社 2004 年版，第 1 頁。

就明確提出辦學宗旨為「教學、研究和公共服務」[2]，注重在公共服務中樹立良好形象，加強大學與社會的全面聯繫，尤其注重為加州的經濟發展和社會進步服務。這部《贛文化通典》可以視為南昌大學的同仁為總結發掘江西古老而豐富的文化遺產所做的一點實績。在邵鴻教授的序文中，就贛學和贛文化情況進行了精彩的闡述，在此本人毋庸贅言。我想借此機會著重談兩方面的問題：一是談談南昌大學的歷史使命；二是就現代教育理念，談談學科建設與公共服務的關係。

有人說贛文化是中國文化隱性的核心和支柱，善隱厚重，堅韌質樸。當我們用歷史的眼光感受深沉的江西文化，不能不正視推動獨具特色的贛文化精神形成的一支重要力量，那就是在中國教育史和思想史上赫赫有名的江西書院。書院產生於唐代，源於私人治學的書齋與官府整理典籍的衙門[3]，後來成為藏書、教學與研究相結合的中國古代特有的高等教育機構和文化學術思想交流的中心。書院既是一個教育機構，又是一個學術研究機構，中國歷代文人在書院這一相對獨立自由的環境裡，碰撞智慧，傳承思想，同時完成了古代中國文化教育和人才培養的歷史使命。江西自古重教崇文，素有「文章節義之邦」的美譽，這在某種程度上得益於江西曾有中國古代最為發達的書院文化。自宋代至明代，江西能夠成為中國的一個文化重地，與書院講學之風大興不

2　hpp://www.berkeley.edu/about/〔EB/OL〕.

3　鄧洪波：《中國書院史》，東方出版中心 2004 年版，第 49 頁。

無關係。江西書院「肇於唐，盛於宋」，跨越千年。從唐代「開元盛世」開始，江西就有了中國歷史上最早的書院之一，此後江西書院代有增置，據考證，有學者認為江西古代書院足有千餘所之多，鼎盛時期求學人數達數千人。清代學者李漁曾在《興魯書院記》中說：「江西名書院甲於天下」，聞名全國的書院就有白鹿洞、豫章、濂溪、白鷺洲、象山、鵝湖、懷玉、東湖書院等，不勝枚舉。江西書院數量之多，規模之大，教育品質之高，社會影響之大，在我國（中國）古代書院一千多年的歷史中獨領風騷。從教育者的眼光來看，眾多的江西書院中值得一提的是位於江西廬山五老峰南麓、被譽為「天下書院之首」的白鹿洞書院。南宋理學家朱熹重修白鹿洞書院，自兼洞主之後，為書院建立了嚴格的規章制度。朱熹以理學教育家的觀點，在總結前人辦學所訂規制的基礎上，制訂了《白鹿洞書院揭示》，即「父子有親，君臣有義，夫婦有別，長幼有序，朋友有信⋯⋯博學之、審問之、慎思之、明辨之、篤行之⋯⋯」提出了書院教育的指導思想、目標、教育內容、教育方法等，是中國古代書院學規的典範，隨即為江西和全國各地眾多書院所借鑒或採用，是中國教育史上最早的教育規章制度之一，並被後代學者認為是中國古代書院制度化、規範化的重要標誌。以書院學規為總的教育方針，朱熹在白鹿洞書院開展了多種形式的教學活動，包括「升堂講學」、「互相切磋」、「質疑問難」、「展禮」等，書院師生於相互問難辯詰之中，優遊山石林泉之間，促進學術，傳承文化。

　　歲月流逝，一百多年以前，近代中國在探索強國振興的道路上選擇了完全移植西方的大學制度。在晚清學制改革的大潮中，

為了急於擺脫「無裨實用」的傳統教育制度，清政府採取了取消書院，以便集中人力財力，發展新教育的「興學至速之法」，不無遺憾地拋棄了中國傳統的書院文化。幸而跨入新世紀的今天，書院文化又一次進入中國學人的研究視野，並日益受到各方重視。正如清華大學老校長梅貽琦先生所言：「今日中國之大學教育，溯其源流，實自西洋移植而來，顧制度為一事，而精神又為一事。就制度言，中國教育史中固不見有形式相似之組織，就精神言，則文明人類之經驗大致相同，而事有可通者。」[4]在完善現代意義上的中國大學制度方面，傳統的學院精神應有其獨特的位置和作用。

南昌鍾靈毓秀，是贛都文明重要的發源地。兩千多年以來，南昌一直都是贛文化的中心，來自江西各地的才子們彙聚南昌，走向全國，成就了兩宋以來光輝燦爛的江西文化。身處其中，南昌大學應該繼承江西書院文化的優良傳統，自覺肩負起傳承、繁榮、發揚贛文化的歷史使命。

如果說歷史悠久、博大厚重的傳統書院文化為南昌大學的發展進步提供了豐富的精神食糧，那麼，立足二十一世紀的南昌大學還必須擁有以現代教育理念改造自身、積聚力量，並為中國現代化進程貢獻片瓦，為社會進步提供智識支援和人才支持的決心和勇氣。

南昌大學是一個學科齊全的綜合性大學，對於這類大學，著

4　梅貽琦：《大學一解》，《清華學報》第 13 卷第 1 期，1941 年 4 月。

名的教育家克拉克‧科爾（Clark.kerr）定義為「多功能大學」（multi-versity），與先前人們熟知的單一功能大學（Uni-versity）相區別。這類大學的功能有三項：首先，大學生產知識，培養有創造性的人才，提供專業和基礎訓練，從事社會服務是其基本職責。其次，大學還與知識消費相關：包括創造通識教育機會，創造和維持一個充滿活力和興趣的校園。提供社會關愛，如醫療、諮詢和指導。第三，與公民教育相關，促進社會進步和公正是教育的責任[5]。在一個全省人口總數達四千四百餘萬的區域裡，作為江西省唯一的一所江西省人民政府和教育部共建的國家「二一一工程」重點建設大學，南昌大學有責任，也有能力為全省及周邊區域提供優良的高等教育資源，使有志青年得到富有競爭力和創造力的教育，從而成為國家建設的有用人才。

　　學科建設是高等學校的一項基礎性、全域性、戰略性的系統工程，是學校建設的核心內容。創建綜合性大學，必須正確處理學科建設中「基礎學科」與「應用學科」的關係，立足於培養高素質的複合型人才的需要，合理選擇和規劃學科的發展。科學發展和協調發展是南昌大學在培養人才方面的優勢，我們一方面要使學生學好專業知識，還要發揮綜合性大學門類齊全、學科交叉的優勢，通過文理工醫等多學科的整合教育、通識教育，充實學生的文化底蘊，提高學生的綜合素養，將專業教育與學生的人格

5　轉引自馬萬華《從伯克利和北大清華》，教育科學出版社 2004 年版，第 16 頁。

塑造、個性培養、世界觀、價值觀的完善結合起來，體現知識、能力與人格間的和諧統一，促進學生的全面發展。

作為一所輻射全省的地方性高等院校，南昌大學還應該積極利用地方資源進行學科建設，打造富有地方特色的優勢學科，從而更好地為區域經濟發展和文化建設服務。從當前高等教育發展的潮流看，大學為地方服務已成為共識與發展趨勢。「現在需要用一種新的觀點來看待高等教育，這種觀點要求把大學教育的普遍性與更多適切的必要性結合起來，以對社會對其功能發揮的期望作出回應，這一觀點不僅強調學術自由和學校自治的原則，而且同時強調了高等教育必須對社會負起責任。」[6]以科學發展的眼光來看，大學不僅是進行知識傳授和科學研究的中心，更是參與社會變革乃至於引導社會進步的重要因素。地方性院校只有更加關注地方的現實發展，以提供公共服務的姿態積極參與地方區域建設，才能更好地實現自身價值，謀得更為廣闊的發展空間。

「所謂大學者，非謂有大樓之謂也，有大師之謂也。」借此機會，我祝願未來的南昌大學大師雲集、學術豐厚；希望昌大人不僅勤於個人「檢束身心，砥礪品性」，且懷一顆拳拳報國之心，以自己的專業所長，服務社會，造福人民。謹為序。

6 聯合國教科文組織：《國際發展戰略（1991）》。

目錄

導言

　　本書旨在描述宋至明代江西的經濟發展歷程及成就。江西歷史文化輝煌早已為世人所公認,而宋明時期又是江西歷史文化發展的頂峰。不過,令人遺憾的是,儘管從來不乏江西經濟史研究的精深之作,近年更有江西經濟史專著出版,但還沒有專門梳理宋明時期江西經濟的作品出現。[1]正是基於此目的,本書有了編纂的需要。希望本書的問世,有助於從經濟因素方面加深對贛文化的認識,也有助於深化江西經濟史研究。

第一節 ▶ 唐至南唐江西經濟發展回顧

一、行政區劃的變遷

　　唐以前,江西地區並未成為中央政權一個獨立的行政區域。直到唐代,隨著江南西道、江南西道觀察使的相繼設立,江西作

1　陳榮華等:《江西經濟史》,江西人民出版社,2004年版。

為一個行政區劃概念逐漸確立。據《舊唐書‧地理志》載，今江西地區在唐代設有八個州，共轄三十七縣。具體隸屬關係見表1-1。

表1-1　今江西轄區唐代州縣一覽

州名	所轄縣	轄縣數
洪州	南昌、豐城、高安、建昌、新吳、武寧、分寧	7
江州	潯陽、都昌、彭澤	3
饒州	鄱陽、餘干、樂平、浮梁	4
信州	上饒、弋陽、貴溪、玉山	4
袁州	宜春、萍鄉、新余	3
吉州	廬陵、太和、安福、新幹、永新	5
撫州	臨川、南城、崇仁、南豐	4
虔州	贛、虔化、南康、于都、信豐、大余、安遠	7

唐開元二十一年（733），析江南道為江南西道、江南東道和黔中道，並置採訪處置使，確立各道治所，「各使置印」[2]。江南西道治所在洪州，統轄今天江西和湖南二省、安徽南部、湖北東部長江以南地區。今江西地區唐代八州除信州隸屬於江南東道外，其餘七州都隸屬江南西道。

唐乾元元年（758），置「洪吉都防禦團練觀察處置使兼莫徭軍使，領洪、吉、虔、撫、袁五州」[3]。唐廣德二年（764），

2　（宋）王浦：《唐會要》卷七八《諸使中‧採訪處置使》。

3　（宋）歐陽脩等：《新唐書》卷六八，表第八，《方鎮五》。

洪吉都防禦團練觀察處置使更名為江南西道觀察使，治洪州，管洪、饒、吉、江、袁、虔、信、撫等州。[4]

至五代南唐時期，江西地區先後歸屬於楊吳、南唐政權。江西境內除維持唐代所設八個州級行政區外，還增設了筠州、建武軍兩個州級行政區。所轄縣在唐代三十七縣基礎上，先後增建了萬載、德安、靖安、清江、瑞昌、鉛山、德興、湖口、吉水、上高、上猶、瑞金、龍南、石城、龍泉（今遂川）、宜黃、東興、永城十八縣。江西地區在楊吳、南唐統治時期，已達五十五縣。具體州縣隸屬關係見表 1-2。

表 1-2　五代南唐江西轄區州（軍）縣一覽

州（軍）名	所轄縣	轄縣數
洪州	南昌、豐城、奉新（新吳改名）、靖安（析建昌、奉新、武寧三縣地置）、武寧、分寧、建昌	7
筠州（保大十年複置）	高安、上高（分高安置）、萬載（順義元年分高安四鄉置）、清江（析高安及新淦地置）	4
饒州	鄱陽、餘干、樂平、浮梁、德興（升元二年升鄧公場置）	5
虔州	贛、虔化、南康、雩都、信豐、大庾、上猶（升南康之上猶場置）、瑞金（改雩都之瑞金監置）、龍南（析信豐之虔南場置）、石城（析虔化之石城場置）	11

4　（後晉）劉昫等：《舊唐書》卷一八，志第一八，《地理一》。

續上表

州（軍）名	所轄縣	轄縣數
吉州	盧陵、吉水、太和、安福、龍泉（析太和置）、永新、新淦	7
江州	德化（潯陽改名）、德安、瑞昌（析潯陽之赤烏場置）、湖口（升彭澤之湖口戍置）、彭澤、都昌	6
袁州	宜春、萍鄉、新喻	3
信州	上饒、弋陽、貴溪、玉山、鉛山（升弋陽之鉛山場置）	5
撫州	臨川、崇仁、南豐、宜黃（升崇仁之宜黃場置）	4
建武軍	南城、東興、永城	3

　　一個地區州縣數量的多寡往往與該地的經濟發展水準有密切的聯繫。通過對唐至南唐以來江西地區行政區劃變遷的分析，我們可以窺見江西地區唐至南唐以來經濟發展的一些軌跡。

　　第一，江西地區自唐中期以來，開始成為中央政權一個獨立的行政區域，其標誌為江南西道觀察使的設立。這一政治地位的確立顯然是與江西地區經濟的發展分不開的。「江西七郡，列邑數十，土沃人庶，今之奧區，財賦孔殷，國用所係」[5]，正是唐中期江西地區經濟地位日顯重要的真實寫照。

　　第二，州一級行政中心已趨穩定。唐時今江西地區設有八個

5　（唐）白居易：《除裴堪江西觀察使制》，《全唐文》卷六六一。

州，至南唐時八州維持不變，只是新增了筠州和建武軍兩個州級行政區。這表明唐至南唐江西地區已經形成了一些發展穩定的區域性經濟中心，並且隨著經濟的發展，這樣的經濟中心還有逐漸增加的趨勢。

第三，縣一級行政單位增加迅猛，從唐時的三十七個猛增至南唐時的五十五個。設縣數的增多，通常是一個地區開發程度的體現。正如有學者指出的，「行政區在人口增加與經濟開發的研究中，具有指標功能，尤其是縣級的基層行政單位更為明顯」[6]。只有當一個地區人口、開墾的土地等經濟指標到達一定的數量，中央政權才會考慮增設縣治以加強控制和徵收賦稅。唐至南唐江西地區新設近二十個縣，表明這一時期江西地區經歷了一個地區開發和經濟發展的小高潮。

二、農業經濟的發展

在傳統經濟時代，衡量農業經濟發展水準的指標主要包括：勞動力的增加、土地的開墾、糧食產量的提高、經濟作物的廣泛種植等。本節將從這幾項指標著手，對唐至南唐時期江西地區農業經濟發展狀況作一梳理。

1. 勞動力的增加

唐代自安史之亂以來，相比於北方的戰亂頻仍，包括江西地

6　黃玫茵：《唐代江西地區開發研究》，臺灣大學出版委員會，1996 年版，第 80 頁。

區在內的江南相對較安定，因此江南成為北方移民主要遷入地，當時的史籍對此多有記載。唐肅宗詔書就提到：「又緣頃經逆亂，中夏不寧，士子之流，多投江外。」[7]時人李華謂：「今賢士君子多在江淮之間。」[8]《舊唐書》載：「兩京蹂於胡騎，士君子多以家渡江東。」[9]以上史料中提及的「江外」、「江淮」、「江東」，雖然是泛指整個江南地區，但江西地區此時接納了相當數量的北方移民也應是無疑的。這從《元和郡縣志》卷二十九中對江西地區八州的戶數統計可以得到證實，各州戶數詳見表 1-3。

表 1-3　唐開元和元和時期江西地區八州戶數時期

州名　　時期	開元（713-741）	元和（806-820）
洪州	55405	91129
饒州	14062	46166
虔州	32837	26260
吉州	34481	41025
江州	21865	17945
袁州	22335	17226
撫州	24988	24767
信州	─	28711

從表 1-3 可以看出，洪州、饒州、吉州三州戶數都有增加，

7　（唐）肅宗：《加恩處分流貶官員詔》，《全唐文》卷四三。

8　（唐）李華：《送張十五往吳中序》，《全唐文》卷三一五。

9　（後晉）劉昫等：《舊唐書》卷一四八，列傳第九八，《權德輿傳》。

虔州、江州、袁州、撫州四州戶數則都有不同程度的下降，信州開元時還未設州，無法看出其戶數變化，但戶數也較多，排在洪州、饒州、吉州後，列第四位。對於這些州戶數的變化不難解釋。在經歷安史之亂後，唐王朝中央政權遭受沉重打擊，對地方的控制力減弱。雖然江西地區受動亂影響較輕，但當地政府對編戶齊民的控制受到削弱是顯而易見的。因此，虔州、江州、袁州、撫州官府控制的戶數都有減少。而在同樣背景下，洪州、饒州、吉州三州戶數的增加也不難理解，由於北方移民大量遷入，使得即使有一些原有編戶齊民脫離官府的控制，但官府控制總戶數還是增加了。由於人口的激增，在洪州和饒州都出現了增設縣和鄉的情況以加強管理。貞元十六年（800），洪州刺史李巽鑒於戶口激增的情況，奏請分武寧縣西界置分寧縣。**10**洪州所轄的建昌縣（今永修），代宗大歷年間（766-779），「鄰邑慕之來歸者眾，戶口日增，分修智鄉，遂為新城鄉」。至憲宗元和中（806-820），「田野闢，戶口增，分孝悌、靖安二鄉」**11**。據《元和郡縣志》卷二十九記載，從唐開元年間至唐元和年間，饒州由二十鄉增至六十九鄉。正是由於北方移民的大量遷入，洪州在安史之亂後反而有了較大的發展。史載，「洪州之為連，率也舊矣，自幽薊外奸加之於師旅，十年之間為巨防焉。當閩越奧區，

---

10 （唐）李吉甫：《元和郡縣志》卷二十九《江南道・洪州・武寧》，《文淵閣四庫全書》本。

11 正德《南康府志》卷六《職官》。

扼江關重阻，既完且富，行者如歸過往之，今大和會。」[12]

如果將唐代江西人口納入江南道及全國的範圍內考察，同樣可以發現大體上唐代江西人口在江南道及全國總人口中所占的比例不斷上升，從另一方面也說明江西人口在唐代大體是上升的，具體數字參見表 1-4。

表 1-4　唐代江西地區戶口總數[13]

項目	江西戶數口數合計	江南道戶數口數合計	江西占江南道比例%	全國戶數口數合計	江西占全國比例 %
隋時戶數	85636			9070414	0.94
貞觀13年（639）戶數口數	69240 319047	403939 1959510	17.14 16.28	3041871 12351681	2.27 2.58
開元中戶數	205973	1334988	15.42	7417185	2.77
天寶元年（742）戶數口數	248551 1636257	1706704 10339949	14.56 15.82	8973634 50975543	2.76 3.20
元和時戶數	293179	791695	37.03	2368734	12.37

從表 1-4 以看出，自貞觀十三年至天寶元年，江南道及全國的戶數和口數都有所增加；即使在天寶元年至元和江南道及全國

12　（宋）李昉等：《文苑英華》卷七二四《送王司議季友赴洪州序》。

13　黃玫茵：《唐代江西地區開發研究》，「國立」臺灣大學出版委員會，1996 年版，第 80 頁。

戶數和口數減少之時，江西的戶數和口數均呈增長趨勢。這說明政府在江西控制的實際戶數和口數增加的同時，也反映了唐代江西的人口確實有所增加。

五代南唐時期，江西地區社會秩序比較安定，仍是北方移民南遷的重要區域。這一時期，江西地區人口還保持著唐以來的增長趨勢。由於史料的闕如，無法對該時期的人口增長情況進行總體分析。還有山區開發和戶口登記方面的原因。許懷林另闢蹊徑，從族譜和方志入手對五代南唐時期遷入江西地區的官宦和世家大族進行了梳理，認為從數量上來看這類官宦、大族雖然不多，但相信伴隨著這股遷入勢頭，應當有相當數量的在史料中沒有記錄的平民百姓遷入江西。[14]許氏的推論對我們瞭解江西五代南唐時期移民狀況非常有幫助，但由於許氏依據的主要是比較晚近的族譜和方志，因此，依然不能令人十分信服。

筆者相信，確實有許多北方移民進入相對安定的江西，但是，移民可能並非戶口增長的唯一原因。天寶年間江西的戶數為248551戶，元和時為293179戶，二者相差四萬多戶，增加數量如此之大，很難讓人相信是大量移民湧入的結果。筆者認為這些增加的戶口不大可能全是戰亂移民，而應當理解為政府控制力增強及江西本地人口自然增加的結果。黃玫茵在《唐代江西地區開發研究》一書中也指出唐代江西地區戶口數位的增加並不全是南遷的移民造成的，因為江西地區在六朝時代就已生產糧食，唐朝

---

14 許懷林：《江西史稿》，江西高校出版社，1998年版，第205-210頁。

後期江西、湖南的糧食同樣勝於他州，所以能夠支持當地人口增長，同時，這種發達的糧食經濟，使新增人口無後顧之憂。[15]

無論是什麼原因導致江西人口增加，五代南唐時江西人口增加、地區開發步伐加快是不可質疑的事實。

2. 土地的墾辟

隨著唐代北方移民大量遷入，江西地區得到了進一步開發，尤其是山區開發成效更加明顯。新設的信州，由於移民的遷入，大量荒蕪的土地被開墾。但必須注意的是，開元之前的開發行動偏重於南北交通主線所在的西部贛水流域的洪、吉、虔三州；開元之後的開發行動開始朝東部擴展，改以饒、撫二州為主，以後才朝交通幹線以外的地區開發。黃玫茵：《唐代江西地區開發研究》，臺灣大學出版委員會，一九九六年版，第九十三、九十四頁。史載裴倩任刺史時，「復其庸亡五千室，辟其農耕二萬畝」[16]。信州山區也墾辟出了許多土地，以討黃巢功而鎮守饒、信二州的劉汾，就購得山間田地八百餘畝，讓傭人耕種。有資料記載：

（劉汾）蒙詔鎮守饒、信二州，連年不得回朝。汾遂寓居廣信路弋陽縣歸仁鄉四十六都新陂里。夙夕感激，視干戈

15 黃玫茵：《唐代江西地區開發研究》，臺灣大學出版委員會，1996 年版，第 85 頁。

16 （宋）王象之：《輿地紀勝》卷二一《江西南東路·信州·官吏》。

則思鬥，居村落則思耕。光啟二年，佃得荒間山田段，約計八百餘畝，名曰南山。坐落饒州路樂平縣歸桂、豐樂二鄉，居崇山峻嶺之間，人境寥絕。東至弋陽高界培分水為界，西至豐樂風門嶺洪鶴山嘴為界，南至歸桂鄉東源坑合水為界，北至豐樂鄉紅鶴山盤嶺分水為界。四至分明，源頭塢尾，上嶂下坳，與外並無一毫之間。其田地成者少，荒者多。召人勤力其中，盡一夫可受。屢次召佃耕種，俱各辭以不能。（唐）劉汾：《大赦庵記》，《全唐文》卷七九三。

上述史料乃劉汾自撰《大赦庵記》中的部分文字，從中可以看出這八百餘畝田地位於饒州樂平縣境內，位置極為偏僻，「居崇山峻嶺之間，人境寥絕」。劉汾的墾闢過程固然可以看出當時饒州還有大量荒地可開墾，但是，從另一角度同樣可以想見在信州應有大量的山間隙地被開墾而成為田地。

在吉州也有大量山間盆地被開墾。據唐文宗太和年間任江南西道觀察使的裴誼奏報，「奏吉州破赤石、徐莊等洞賊，戮殺擒獲共二百三十六人，收賊柵七所，器械三千二百三十事，水陸田四百頃，牛馬等四百七十餘頭」[17]。所謂的「洞」，應通「峒」，實為山間盆地。奏報中提及的所謂「洞賊」，應是逃入山間謀生的無地貧民，因為官府查獲的戰利品不過是「牛馬等四百七十餘頭」，即便是收繳的三千二百多件器械也未言明都是軍械，想必

17 （宋）王欽若等：《冊府元龜》卷六九四《牧守部·武功》。

其中大多為農具。但從中，可以看出這些「洞賊」墾山頗有成效，「水陸田四百頃」。在撫州的樂安縣，有朱氏家族為避戰亂，於山間結寨自保，他們墾山為田，耕種為生。有資料記載：

> 大盜肆起，民轉徒無所依，樂安朱緒率鄉眾結寨於嚴陀，固以土牆，上築崇樓，令婦女處其中，而屋市屯店環繞於外。七千餘戶相依，盜不得逞。寨座今縣北五十里。緒主寨事，分職守，立法制，催督各戶輸苗米、酒稅，曲腳錢納於撫（州）。緒老，弟繪主之。子孫相繼，自元和迄五季，百五十年，安居無恙。雍正《江西通志》卷一六二《雜誌》。

從上述史料來看，以朱氏家族為首的樂安縣鄉民結寨規模非常大，「七千餘戶相依」，這些人戶除了要維持自我的生存外，還需「輸苗米、酒稅，曲腳錢納於撫」。由此看來，樂安鄉民開墾的田地數量可觀，要不然也無法滿足自給和納稅的需要。袁州還出現依山開墾的梯田。據齊己《題鄭郎中谷仰山居》詩中所記，鄭谷居住的仰山就開墾有許多梯田，「簹壁層層映水天，半乘岡壟半民田」的詩句就真實再現了仰山梯田的風貌。以上所引史料雖然只是唐代江西部分州縣田地開墾情況，但在當時北方移民大量遷入的時代背景下，山區土地的墾闢應當是唐代江西各州的普遍情形。

五代南唐時期，土地的墾闢數量仍然維持著上升勢頭。隨著土地墾闢數量的增多，增設縣治來加強管理成為當政者的必然選擇。

表 1-5 　吳、南唐期間由場、鎮發展成縣情況[18]

縣名	場鎮名	升縣時間	縣名	場鎮名	升縣時間
萬載	萬載場	順義元年（921）	龍南	虔南場	保大十一年（953）
德安	蒲塘場	乾貞元年（927）	瑞昌	赤烏場	升元三年（939）
靖安	靖安場	升元元年（937）	湖口	湖口戍	保大七年（949）
清江	瀟灘鎮	升元二年（938）	吉水	吉陽場	保大八年（950）
德興	鄧公場	升元二年（938）	石城	石城場	保大十一年（953）
上高	上高鎮	保大十年（952）	東流	東流場	保大十一年（953）
上猶	上猶場	保大十年（952）	龍泉	龍泉場	建隆元年（960）
鉛山	鉛山場	保大十一年（953）	宜黃	宜黃場	開寶三年（962）
瑞金	瑞金監	保大十一年（953）			

　　表 1-5 所列縣共有十七個，其中除萬載、吉水、上高、石城、龍泉、宜黃六縣是在舊縣基礎上復置的外，其餘十一縣都是新增。新縣設立的基礎首先是土地墾闢數量的增多及人戶數的增長，因此從新設縣的數量也可以瞭解到該地區土地墾闢數量的變化情況。

3. 糧食的增產

　　江西地區主要的糧食作物是稻穀，唐代稻穀的耕種面積有了較大幅度的提高。在唐代詩人的筆下就有許多描繪江西地區稻穀

---

18 許懷林：《江西史稿》，江西高校出版社，1998 年版，第 211 頁，表 7-1。

生產盛況的詩句,「鄱陽勝事聞難比,千里連連是稻畦」[19],唐末詩人王駕《社日》中描寫江西鉛山農村的景象:「鵝湖山下稻粱肥,豚柵雞棲半掩扉。桑柘影斜春社散,家家扶得醉人歸。」久居江西的劉長卿在詩中寫道「暮天江色裡,田鶴稻花中」[20]。行游至廬山的大詩人李白,眼見山腳下一片片金黃的稻田也揮筆寫下「登高壯觀天地間,大江茫茫去不還。黃雲萬里動風色,白波九道流雪山」[21]。如果說從上述文學性較強的詩句中,我們還只是對唐代江西稻穀種植區域的擴大有一個感性認識,那麼從當時官員的奏議中,我們則可對唐代江西糧食生產的大幅增加有一個較具體的瞭解。據史載,「文宗太和三年十月,御史台奏准敕差孟琯巡察米價,其江西湖南地稱沃壤,所出常倍他州」[22],當時江西等地所出稻米已是其他州的幾倍,也正因此導致「湖南、江西管內諸郡,出米至多。豐熟之時,價亦極賤」[23]的現象。

唐代江西已是重要的糧食輸出區。德宗建中三年(872)戶部侍郎趙贊建議於洪州等城市「各置常平,輕重本錢,上至百萬貫,下至數十貫,隨其所宜,量定多少。唯貯斛斗匹緞絲麻等,

---

19 (唐)姚合:《送饒州張使君》,《全唐詩》卷四九六。

20 (唐)劉長卿:《送李侍禦貶鄱陽》,《全唐詩》卷一四八。

21 (唐)李白:《廬山謠寄盧侍御虛舟》,《全唐詩》卷一七三。

22 (宋)王欽若等:《冊府元龜》卷四七四《台省部·奏議第五》。

23 (宋)宋敏求:《唐大詔令集》卷七二《典禮》,學林出版社,1992年版,第367頁。

候物貴則下價出賣，物賤則加價收糴，權其輕重，以利疲人」[24]。
另外還曾調糧接濟中原，「浙江東、西歲運米七十五萬石，復以
兩稅易米百萬石，江西、湖南、鄂岳、福建、嶺南米亦百二十萬
石」[25]。吉州、虔州還有餘米輸出作為軍糧，「交、廣、邕南兵，
舊取嶺北五道米餉之，船多敗沒。畋請以嶺南鹽鐵委廣州節度使
韋荷，歲煮海取鹽直四十萬緡，市虔、吉米以贍安南，罷荊、洪
等漕役，軍食遂饒」[26]。由於江西、湖南等地糧食產量豐饒，當
發生饑荒時，唐政府往往以江西、湖南糧食賑濟。在唐順宗、憲
宗時的江淮大旱饑饉中，政府即以採取此法：

> 陛下嗣位以來，遇江淮饑歉，三度恩赦。賑貸百姓斛
> 斗，多至一百萬石，少至七十萬石。本道饑儉無米，皆賜江
> 西、湖南等道米。江淮諸道百姓，差使於江西、湖南殷
> 運。[27]

五代南唐時期，由於社會相對安定，加之當政者採取鼓勵農
桑的政策，江西地區糧食產量繼續增加。如昇元三年（939），
李　令「民三年藝桑及三千本者，賜帛五十匹，每丁墾田及八十

24　（後晉）劉昫等：《舊唐書》卷四九，志第二九，《食貨志下》。
25　（宋）歐陽脩等：《新唐書》卷五三，志第四三，《食貨三》。
26　（宋）歐陽脩等：《新唐書》卷一八五，列傳第一一〇，《鄭畋傳》。
27　李絳：《論戶部闕官斛斗疏》，《全唐文》卷六四五。

畝者，賜錢二萬，皆五年勿收租稅」[28]。洪州產糧極多，據載「當此時，孫儒強，赫然有吞吳、越意。行密欲遁保海陵，襲勸還廬州，治兵為後計，行密乃還。既又謀趨洪州，襲不可，曰：『鐘傳新興，兵附食多，未易圖也。孫端據和州，趙暉屯上元，結此二人以圖宣州，我綽綽有餘力矣。』行密從之」[29]。楊行密正是忌憚於鐘傳所據洪州糧食儲備極多，而不敢對鐘傳輕易用兵。在吉州，因為稻穀大獲豐收，還有豪民擔心稻穀賣不到好價錢，而上廟中求旱，「又吉州豪民龍氏，鬻穀而不售，上神崗禱廟求旱，為暴雷震死」[30]。

4. 經濟作物的種植

糧食產量的增加，土地的墾闢為經濟作物的廣泛種植提供了條件。茶葉是唐代江西地區一種重要的經濟作物。唐代江西浮梁的茶葉種植尤盛。《元和郡縣志》卷二十九饒州浮梁縣條下記「每歲出茶七百萬馱，稅十五餘萬貫」。唐貞元九年（793）開始徵收茶稅，「自此每歲得錢四十萬貫」[31]。浮梁茶稅每年十五餘萬貫，占全國總稅額四十萬貫的百分之三十七點五，由此可見浮梁產茶量極為可觀。浮梁茶的銷售範圍也很廣，楊華在《膳夫經手錄》中記載：「饒州浮梁（茶），今關西、山東閭閻村落皆吃

---

28 （清）吳任臣：《十國春秋》卷一五《南唐本紀一》。

29 （宋）歐陽脩等：《新唐書》卷一八八，列傳第一一三，《楊行密傳》。

30 （宋）龍袞：《江南野史》卷一《先主》，《文淵閣四庫全書》本。

31 （後晉）劉昫等：《舊唐書》卷四九，志第二九，《食貨志下》。

之，累日不食猶得，不得一日無茶也。」[32]與浮梁毗鄰的婺源、德興等縣產茶量也不少，婺源因茶葉貿易興盛而升格為都制置。據載：「太和中，以婺源、浮梁、祁門、德興四縣，茶貨實多，兵甲且眾。甚殷戶口，素是奧區。其次樂平干越，悉出厥利。總而管榷，少助時用。於時轄此一方，隸彼四邑。乃升婺源為都制置，兵刑課稅，屬而理之。」[33]另外，浮梁縣還是昌江上的重要碼頭，婺源、祁門等縣所產茶葉都要通過昌江運輸到此集中，然後再轉運到其他各地，因此浮梁在唐代已成為東南地區一個重要的茶葉集散地。白居易筆下「商人重利輕別離，前月浮梁買茶去」[34]，真實地描述了茶商都要到浮梁去採購茶葉的情形。五代南唐時期，茶葉仍是江西地區廣泛種植的經濟作物。茶葉貿易成為吳、南唐兩國重要的財稅收入。吳時，楊行密曾派押衙唐令同，「持茶萬餘斤，如汴、宋貿易」[35]。

　　柑橘是江西廣泛種植的另一種經濟作物。江西的土壤和氣候都十分適合柑橘的種植，因此唐代江西地區多有種植。洪州，據《新唐書‧地理志》載洪州出產的柑橘品質出眾，乳柑是當地上交朝廷的貢品。洪州一帶柑橘種植面積也很大，據曾任洪州都督的張九齡記載「江南有丹橘，經冬猶綠林」，「邑人半艫艦，津

32 （宋）晁載之：《續談助》卷五《膳夫經手錄》。

33 （南唐）劉津：《婺源諸縣都制置新城記》，《全唐文》卷八七一。

34 （唐）白居易：《琵琶行》，《全唐詩》卷四三五。

35 （清）吳任臣：《十國春秋》卷一《吳太祖世家》。

樹多楓橘」[36]，李瑞《送從兄赴洪州別駕兄善琴》中也描繪了洪州一帶多種柑橘的情景，「亂流喧橘岸，飛雪暗荊門」[37]。曾任江州司馬的白居易記述了江州盛產柑橘的情形，「見果皆盧橘」[38]，「江果嘗盧橘」[39]。信州，盧綸詩中描寫了摘橘時的情景，「烹魚綠岸煙浮草，摘橘青溪露濕衣」[40]。袁州亦產橘，「梅花成雪嶺，橘樹當家僮」[41]。撫州的朱橘和洪州的乳柑一樣同為貢品。從有史料的相關記載來看，唐代江西地區八州已有五州種植柑橘，而且所產數量頗多。據《文獻通考》土貢篇載，唐豫章郡貢橘六千顆，在唐代貢橘的八郡中居首位。因為產量大，柑橘已成為買賣的商品。貫休詩《陶種柑橙，令山童買之》中記陳陶賣柑橙之事，「高步南山南，高歌北山北，數載賣柑橙，山貨近雲足」[42]。

　　林木則是唐代江西大量種植的另一經濟作物。江西地區歷來盛產林木，隋代時，就曾從豫章郡採伐大木營建宮室，據張玄素

36 （唐）張九齡：《曲江集》卷三《詩‧登郡城南樓》，《文淵閣四庫全書》本。

37 （唐）李端：《送從兄赴洪州別駕兄善琴》，《全唐詩》卷二八五。

38 （唐）白居易：《東南行一百韻，寄通州元九侍御、灃州李十一舍人、果州崔二十二使君，開州韋大元外、庾三十二補闕、杜十四拾遺、李二十助教員外、竇七校書》，《全唐詩》卷四三九。

39 （唐）白居易：《江樓偶宴贈同座》，《全唐詩》卷四三八。

40 （唐）盧綸：《送內弟韋宗仁信州觀省》，《全唐詩》卷二八〇。

41 （唐）盧綸：《送陳明府赴萍縣》，《全唐詩》卷二七六。

42 （唐）貫休：《陶種柑橙，令山童買之》，《全唐詩》卷八三七。

回憶，「臣嘗見隋家造殿，伐木於豫章，二千人挽一材，以鐵為轂，行不數里，轂輒壞，別數百人齎轂自隨，終日行不三十里」[43]。唐人的詩文多記載江西地區盛產木材，皇甫湜《皇甫持正文集》卷五《吉州廬陵縣令廳壁記》記吉州「材竹鐵石之瞻殖」，《全唐文》卷六百九十中，符載《鐘陵夏中送裴判官歸浙西序》提到「豫章、江夏、長沙諸郡，地產瑰材，且憑江湖，將剞木為舟，以漕國儲」[44]。因江西地區出產良材，故多被販運至其他地方，據《太平廣記》卷三三一《鬼‧楊溥》載：

> 豫章諸縣，盡出良材，求利者采之，將至廣陵，利則數倍。天寶五載（746），有楊溥者，與數人入林求木，冬夕雪飛，山深寄宿無處，有大木橫臥，可容數人，乃入中同宿。

上述史料透露出的資訊是江西地區各縣多產良材，「豫章諸縣，盡出良材」，其樹木之大，樹洞中間竟可容納數人住宿，並且豫章的良木成為商品輸往外地，「將至廣陵，利則數倍」。由於江西地區所產木材成為輸往外地的大宗商品，在一些木材產地還形成了木材交易市場，據《太平廣記》卷三五四《鬼‧徐彥成》記載信州有木材市場：

43　（宋）歐陽脩等：《新唐書》卷一〇三，列傳第二八，《張玄素》。

44　（唐）符載：《鐘陵夏中送裴判官歸浙西序》，《全唐文》卷六九〇。

軍吏徐彥成恒業市木，丁亥歲往信州汭口場，無木可市，泊舟久之。一日晚，有少年從二僕往來岸側，狀若訪人而不遇者。彥成因延入舟中，為設酒食，賓敬之。少年甚愧焉，將去，謝曰：「吾家近此數里別業中，君旦日能辱顧乎？」徐彥成許諾，明日乃往。行里餘，有僕馬來迎，奄至一大宅，門館甚盛。少年出延客，酒膳豐備。從容久之，彥成因言住此久，無木可市，少年曰：「吾有木在山中，明當令出也。」居一二日，果有材木大至，良而價廉。市易既畢，往辭少年。少年複出大杉板四枚，曰：「向之木，吾所賣，今以此贈君，至吳，當獲善價。」彥成回，始至秦淮，會吳師狙，納杉板為棺。以為材之尤異者，獲錢數十萬。彥成大市珍玩，復往汭口，以酬少年，少年復與交市。如是三往，頗獲其利。間一歲，復詣之，村落如故，了無所見。訪其里中，竟無能知者。

拋開材料中的神秘色彩不論，通過材料可知在信州的汭口場已形成了較大規模的木材交易市場，軍吏徐彥成就曾多次在信州汭口場販買木材運往秦淮等大獲其利。唐代江西地區木材成為輸出的重要大宗商品，除了當地盛產木材外，還得益於水路交通的便利。臺灣學者黃玫茵認為江西地區的木材以洪州豫章為主要集散地，自洪州出江西進入長江後，順流東下達揚州，可入吳地，亦可經運河轉銷北地，在當時全國林木業中居優越地位。**45**

---

45 黃玫茵：《唐代江西地區開發研究》，臺灣大學出版委員會，1996 年版，第 128 頁。

三、手工業的發展

　　江西地區有豐富的自然資源，到了唐代，隨著江西地區的進一步開發，經濟發展演進到了一個新的階段，一些手工業充分利用當地資源優勢得到了長足發展。本小節將從紡織業、造紙業、製瓷業、造船業、礦冶業等方面對唐至南唐時期江西地區手工業的發展作一梳理。

1. 紡織業

　　江西地區紡織品在唐前期主要以麻織品為主，在唐後期絲織品發展較快。在隋代，江西地區的紡織品已很有名氣。據《隋書・地理志》記載「豫章之俗，頗同吳中，其君子善居室，小人勤耕稼。衣冠之人，多有數婦，暴上市廛，競分銖以給其夫。及舉孝廉，更要富者，前妻雖有積年之勤，子女盈室，猶見放逐，以避後人。俗少爭訟，而尚歌舞。一年蠶四五熟，勤於紡績，亦有夜浣紗而旦成布者，俗呼為雞鳴布」。「雞鳴布」就是當時豫章出產的紡織名品。唐代前期，江西地區七州出產的紵布都是貢品，而且品級都很不錯。《唐六典》卷二十《太府寺》對七州所貢紵布等級有詳細地描述：

　　　　凡絹、布出有方土，類有精粗，絹分為八等，布分為九等……（注曰：衢、饒、洪、婺之紵，京兆、太原、汾之貲，並第五等……郢、江之紵，褒、洋、同、岐之貲，並第六等……台、括、撫、睦、歙、虔、吉、溫之紵，唐、慈、坊、寧之貲，並第七第……泉、建、閩、袁之紵，登、萊、

鄧之貨，並第八等。）

根據上述描述可以把江西地區紵布等級情況列為表 1-6。

表 1-6　江西地區各州所貢紵布等情況

紵布等級	全國州數	江西地區所占州數
第五等	7	2
第六等	6	1
第七等	12	3
第八等	7	1

據表 1-6 可知，江西地區各州所產紵布雖然品級不是最高，但在各等級中所占比例還是較高，說明江西地區紡織品水準在全國居上中游。到了唐後期，本區的絲織業有了不小的進步，在元和以前，江西各地土貢物品還沒有絲織品，而此後貢物中已有絲布、金絲布等絲織品。據《新唐書·地理志》載，洪州、饒州、虔州、吉州、袁州在長慶年間都貢絲布或金絲布。這跟江西地區種桑養蠶活動的逐漸普遍有很大的關係，史籍中多有關於江西百姓進行蠶桑活動的記載。《太平廣記》卷三七四《靈異·胡氏子》記載「洪州胡氏子，亡其名。胡本家貧，有子五人，其最小者，氣狀殊偉。此子既生，家稍充給。農桑營贍，力漸豐足。鄉里咸異之」。《樊川文集》卷七《唐故江西觀察使武陽公韋公遺愛碑》記載，元和年間韋丹任江西觀察使時，「益勸桑苧，機織廣狹，俗所未習，教勸成之，凡三周年，成就生遂」。詩歌中的記載唐

代江西宜春耕織繁榮的景象是「有村皆績紡，無地不耕犁」**46**。

　　五代南唐時期，當政者實行獎勵農桑的政策，江西的紡織業得到了進一步發展。吳國號稱「桑柘滿野，國以富強」**47**，南唐政權更是大力獎勵種桑，「民三年藝桑及三千木者，賜帛五十匹」**48**。據《說郛》卷六十一引《清異錄》記載，南唐時江西上饒、臨川等地出現了一種叫「醒骨紗」的絲織品，「用純絲蕉骨相兼撚織」而成，「夏月衣之，清涼適體」，用此紗做成的外衫稱為「太清氅」，做成的內衫呼為「小太清」。**49**這種適於夏日穿著的絲織品，輕薄透氣，體現出很高的製作工藝，標誌著南唐時期江西紡織業的進步。

2. 造紙業

　　豐富的木材與竹子為唐代江西的造紙業奠定了基礎。如隋朝造宮殿即在江西伐運木材，這種木材極大，需兩千人才能拖動一根。江西也盛產竹子，白居易在九江時有詩稱江西為竹鄉，並且對竹子的用處有所描述，「此州乃竹鄉，春筍滿山谷。山夫折盈抱，抱來早市鬻。物以多為賤，雙錢易一束。置之炊甑中，與飯同時熟。紫籜坼故錦，素肌擘新玉。每日遂加餐，經時不思肉。

46（唐）元皓：《重歸宜春偶成十六韻寄朝中知己》，《全唐詩》卷六○○。

47（宋）司馬光：《資治通鑑》卷二七○，「後樑均王貞明四年」條。

48（宋）陸遊：《南唐書》卷一，烈祖本紀第一，《文淵閣四庫全書》本。

49（宋）陶穀：《清異錄》卷下，《衣服》，《文淵閣四庫全書》本。

久為京洛客，此味常不足。且食勿踟躕，南風吹作竹」[50]。從白居易的詩中，我們可以想見唐時人們已清楚竹筍的使用價值，竹筍長成竹子後即是造紙的一種好材料。

正是以這兩種原料為基礎，唐代江西出現了幾種有代表性的紙。如臨川的薄滑紙躋身名紙之列，唐後期江西江州與信州均須上貢紙，[51]由此也說明此時江西造紙業的發達。

3. 製瓷業

江西自漢代即出現製陶業，到唐代進一步發展。洪州窯即是唐代一大名窯，借助於陸羽對當時全國六大窯器的比較，使我們對洪州窯器有一定的瞭解：

> 碗，越州上，鼎州次，婺州次，岳州次，壽州、洪州次。或者以邢州處越州上，殊為不然。若邢瓷類銀，越瓷類玉，邢不如越一也；若邢瓷類雪，則越瓷類冰，邢不如越二也；邢瓷白而茶色丹，越瓷青而茶色綠，邢不如越三也。……甌，越也。甌，越州上口唇不卷，底卷而淺，受半升已下。越州瓷、岳瓷皆青，青則益茶，茶作白紅之色。邢州瓷白，茶色紅；壽州瓷黃，茶色紫；洪州瓷褐，茶色黑，悉不宜茶。[52]

---

50 （唐）白居易：《食筍》，《全唐詩》卷四三〇。

51 黃玫茵：《唐代江西地區開發研究》，臺灣大學出版委員會，1996 年版，第 151 頁。

52 （唐）陸羽：《茶經》卷中《器之器‧碗》，《文淵閣四庫全書》本。

從陸羽的話中，我們知道洪州出產的瓷呈褐色，用之泡出來的茶為黑色，如果以陸羽的標準來衡量，這種瓷器不宜泡茶。[53]在陸羽的評價中，洪州窯器在六大窯中居末位，但至少也可以說明唐代江西的製瓷業有一定的地位。

除洪州窯外，景德鎮窯在唐代也有一定的名氣，唐武德時鎮民運瓷至關中，並上貢於朝廷，被稱為假玉器，此後景德鎮瓷器名滿天下：「唐武德中，鎮民陶玉者，載瓷入關中，稱為假玉器。且貢於朝，於是昌南鎮瓷名天下。」[54]正因此，景德鎮瓷器走天下，這為其在宋明時期的發展奠定了基礎。

4. 造船業

唐代，江西地區是政府重要的造船基地。唐太宗貞觀年間，就曾多次派官員在本區督造戰船。《新唐書》卷一百《閻立德傳》載唐太宗令閻立德到洪州「造浮海大舫五百艘，逐從征遼」。《資治通鑑》卷一九七《唐紀》「唐太宗貞觀十八年秋七月辛卯條」記載「閻立德等詣洪、饒、江三州，造船四百艘，以載軍糧」。《資治通鑑》卷一九八《唐紀》「唐太宗貞觀二十一年八月戊戌條」記云：「宋州刺史王波利等，發江南十二州工人造船四百

---

53 對洪州窯的歸屬地，學界一直有爭議，有的認為當在南昌，有的認為洪州窯即景德鎮窯。撇開洪州窯具體歸屬地不談，洪州窯肯定在唐代江西，以之證明唐代江西瓷業的發展是沒有疑義的。見江西省輕工業廳陶瓷研究所編：《景德鎮陶瓷史稿》，三聯書店，1959 年版，第 49 頁。

54 （清）藍浦：《景德鎮陶錄》卷五《歷代名窯考》。

艘，欲以征高麗（胡注曰：十二州：宣、潤、常、蘇、湖、杭、越、台、婺、括、江、洪也）。」《資治通鑒》卷一九九「唐太宗貞觀二十二年八月丁丑條」記曰：「敕越州都督府及婺、洪等州造海船及雙舫千一百艘。」上述四則史料都提及了洪州，表明洪州是有很大規模的建造軍用船隻的基地，一次能承擔建造幾百條戰船的任務。另外從材料也可以看出江州、饒州具備建造戰船的能力。洪州不僅擁有很強的生產戰船的能力，而且造船技術也十分先進。據《舊唐書》卷一三一《李皋傳》載唐王李皋任洪州觀察使時，「常運心巧思為戰艦，挾二輪蹈之，翔風鼓浪，疾若掛帆席，所造省易而久固」。李皋所研製的戰艦，利用輪狀物在水中的轉動來增加水對船隻的推進力，以提高戰艦的速度，這在當時是一個了不起的創舉。

　　江西地區河流縱橫，水運十分便利，當時就有許多商船在河道裡穿梭往來。於開元間曾任洪州都督張九齡在《登豫章邵南樓》中描述豫章船隻眾多「邑人半艫艦」。王勃對洪州船多有深刻的印象，稱「舸艦迷津，青雀黃龍之軸」[55]。符載《鐘陵東湖亭記》稱洪州「地倅千乘，艘駕萬軸」。以上雖然都是詩文中帶有文學色彩的描述語言，但應該是當時生活的真實反映。因此，我們也不難理解，李肇在《唐國史補》中的感歎「舟船之盛，盡於江西」。江西地區商船體形巨大，表明商船的造船工藝也達到

---

[55]　（唐）王勃：《王子安集》卷五《滕王閣詩序》，《文淵閣四庫全書》本。

了較高的水準。段成式《酉陽雜俎》卷十《物異》記載「有豫章船一艘，載一千人」，李肇還記載在江西境內航行的最大商船「操駕之工數百」，「大曆、貞元間，有俞大娘航船最大，居者養生、送死、嫁娶悉在其間，開巷為圃，操駕之工數百，南至江西，北至淮南，歲一往來，其利甚博，此則不啻載萬也」[56]。史料提到的商船有的可載千人，有的操作的船工需數百人，船隻體形之巨可想而知。

五代南唐時，江西地區的造船業繼續發展。據陸遊《南唐書》卷三《後主本紀》記載：「洪州節度使朱令贇帥勝兵十五萬赴難，旌旗戰艦甚盛，編木為柵，長百餘丈，大艦容千人，令贇所乘艦尤大，擁甲士，建大將旗鼓，將斷採石浮橋。」[57]朱令贇所率戰艦「長百餘丈，大艦容千」，而他本所乘之艦還更大。體形如此巨大的艦船，沒有極高的造船水準，是不可能完成的。

唐至五代南唐時，江西地區造船業發達有以下幾個原因：其一，如前所述江西盛產良木，能為造船提供質優價廉的材料；其二，江西地區水網稠密，河道寬廣，水流較緩，適宜行船，這也在一定程度上刺激了造船業的興盛；其三，江西地區造船歷史悠久，已掌握了較高的造船技術，為建造體形巨大，性能優越的戰艦和商船提供了技術保障。

56　（唐）李肇：《唐國史補》卷下，《文淵閣四庫全書》本。
57　（宋）陸遊：《南唐書》卷三，後主本紀第三，《文淵閣四庫全書》本。

5. 礦冶業

唐至南唐時，江西金、銀、銅、鐵等的產地也較多，饒州鄱陽郡的土貢為麩金、銀，且有銅礦三處，其中樂平有金、銀、銅礦。[58]信州有銅坑一處、鉛坑一處，其中上饒有金、銅、鐵、鉛；弋陽有銀；玉山有銀。[59]茲將各產礦地及礦產種類列下：

饒州鄱陽郡：土貢為麩金、銀，有銅礦三處，其中樂平有金、銀、銅礦。[60]

信州：銅坑一處、鉛坑一處，其中上饒有金、銅、鐵、鉛；弋陽有銀；玉山有銀。[61]

撫州臨川郡：臨川有金、銀。[62]銀，金溪縣出，唐嘗置場，尋廢。[63]

袁州宜春郡：有銅坑一。[64]

豫章郡：銅，唐時有坑。[65]

瑞金縣：金，南唐有監。[66]

---

58 （宋）歐陽脩等：《新唐書》卷四一，志第三一《地理五》。
59 （宋）歐陽脩等：《新唐書》卷四一，志第三一《地理五》。
60 （宋）歐陽脩等：《新唐書》卷四一，志第三一《地理五》。
61 （宋）歐陽脩等：《新唐書》卷四一，志第三一《地理五》。
62 （宋）歐陽脩等：《新唐書》卷四一，志第三一《地理五》。
63 光緒《江西通志》卷四九《輿地略‧物產》。
64 （宋）歐陽脩等：《新唐書》卷四一，志第三一《地理五》。
65 光緒《江西通志》卷四九《輿地略‧物產》。
66 光緒《江西通志》卷四九《輿地略‧物產》。

大量礦產的存在，極大地有利於政府的收入，因此政府往往採取相應的措施，如設「場」等以加強管理與開採。上文提到金溪縣產金，政府就曾設置金場以利於管理。因德興產銀，「唐於縣置德興場，取其地產銀，惟德乃興之義」[67]。但為了體恤民情或顧及自身的聲譽，政府有時並不如此。如貞觀十年（636）治書御史權萬紀就上言要求在宣、饒二州設銀場加以開採，但被唐太宗否決了，並且將權萬紀解職：

> 貞觀十年，治書侍御史權萬紀上言：「宣、饒二州諸山大有銀坑，采之極是利益，每歲可得錢數百萬貫。」太宗曰：「朕貴為天子，是事無所少之。惟須納嘉言，進善事，有益於百姓者。且國家剩得數百萬貫錢，何如得一有才行人？不見卿推賢進善之事，又不能按舉不法，震肅權豪，惟道稅鬻銀坑以為利益。昔堯、舜抵璧於山林，投珠於淵谷，由是崇名美號，見稱千載。後漢桓、靈二帝好利賤義，為近代庸暗之主。卿遂欲將我比桓、靈耶？」是日敕放令萬紀還第。[68]

畢竟諸如上例的現象極少。政府為了擴充財源，還往往在產

67 （清）胡渭：《禹貢錐指》卷六《德淮海惟揚州》，《文淵閣四庫全書》本。

68 （唐）吳兢：《貞觀政要》卷六《貪鄙第二十六》，《文淵閣四庫全書》本。

礦區設置鑄錢監，派遣監管進行鼓鑄。如《太平寰宇記》卷一零七《江南西道・饒州・德興縣》記：「本饒州樂平之地，有銀山，出銀及銅，總章二年（669）鄧遠上列取銀之利。上元二年（675）因置場監，令百姓任便採取，官司什二稅之。其場即以鄧公為名，隸江西鹽鐵都院。」饒州鄱陽郡有永平監錢官；信州，「有玉山監錢官」[69]。唐初在德興置銀場；南唐在瑞金有金監。[70]南唐在德興置監鑄銅錢。[71]

由於金銀等有著重要的價值，政府因此而設立管理機構。但金銀礦的開採是艱辛的，農人們捨本逐利，歷盡辛苦，披砂鑿石，唐代詩人白居易對此有較形象的描述：

> 銀生楚山曲，金生鄱溪濱。南人棄農業，求之多苦辛。
> 披砂復鑿石，砣砣無冬春。手足盡皴胝，愛利不愛身。
> 畬田既慵斫，稻田亦懶耘。相攜作游手，皆道求金銀。
> 畢竟金與銀，何殊泥與塵。且非衣食物，不濟饑寒人。[72]

須加以說明的是，當時江西鑄錢監的產量還是比較可觀的。史料記載：「凡銀、銅、鐵、錫之冶一百六十八。陝、宣、潤、

69　（宋）歐陽脩等：《新唐書》卷四一，志第三一，《地理五》。

70　光緒《江西通志》卷四九《輿地略・物產》。

71　（宋）王存等撰：《元豐九域志》卷六《江南路》。

72　（唐）白居易：《贈友五首》，《全唐詩》卷四二五。

饒、衢、信五州，銀冶五十八，銅冶九十六，鐵山五，錫山二，鉛山四。汾州礬山七……元和初，天下銀冶廢者四十，歲採銀萬二千兩，銅二十六萬六千斤，鐵二百七萬斤，錫五萬斤，鉛無常數。」[73]由此可見，當時全國共有銀礦五十八處，元和時總計銀稅一萬二千兩，而饒州一地的銀稅就有七千兩，「銀山……每歲出銀十萬餘兩，收稅山銀七千兩」[74]。其銀稅已占全國銀稅百分之五十八以上。永平監每年的鑄錢量也達到七千貫，「永平監，置在郭下，每歲鑄錢七千貫」[75]。南唐時所置的信州鉛山銅場，至宋初「常十餘萬人采鑿，無賴不逞之徒，萃於淵藪，官所市銅錢數千萬斤，大人餘羨，而銅山所出益多」[76]。南唐時永平監每歲鑄錢達六萬貫，且採用「開元通寶」料，「錢法甚好，周郭精妙」[77]。此外，江西產銀的地區尚有江州潯陽、撫州臨川、上幕鎮、信州玉山、弋陽五處，總計江西所出產的銀占全國六成以上，可以說居全國第一位。[78]

---

73 （宋）歐陽脩等：《新唐書》卷五四，志第四四，《食貨四》。

74 （唐）李吉甫：《元和郡縣志》卷二十九《江南道‧饒州‧樂平縣》，《文淵閣四庫全書》本。

75 （唐）李吉甫：《元和郡縣志》卷二十八《江南道‧饒州‧鄱陽縣》，《文淵閣四庫全書》本。

76 （宋）江少虞：《宋朝事實類苑》卷一二《官政治績》。

77 （宋）李燾等：《續資治通鑒長編》卷二四《太宗》。

78 黃玫茵：《唐代江西地區開發研究》，臺灣大學出版委員會，1996 年版，第 156 頁。

四、商業的發展

在農業、手工業等迅速發展的基礎上，唐至南唐時的商業不斷發展。此時商品的種類增多，形成了不同的行業，並且由純粹的長途販賣發展為在固定的交易場所進行買賣。崔嘏稱江西「控帶七郡，襟連五湖。人推徵稅之饒，俗擅魚鹽之利」[79]。白居易亦謂「江西七郡，列邑數十，土沃人庶，今之奧區，財賦孔殷，國用所係」[80]。江西從商之風較盛，即便是鄉間也是如此，「客行野田間，比屋皆閉戶。借問屋中人，盡去作商賈。官家不稅商，稅農服作苦。居人盡東西，道路侵墾畝」[81]。王勃筆下「襟三江而帶五湖，控蠻荊而引甌越」的南昌，在當時的情形是「南昌城郭枕江煙，章水悠悠浪拍天。芳草綠遮仙尉宅，落霞紅襯賈人船」[82]。甚至為了追逐商業利潤，婦女不惜「暴上市廛」[83]。

江西作為南北交通及貿易的要區，商人往往興販至此，客觀上促進了江西商業的繁榮。「洞庭賈客呂鄉筠，常以貨殖販江西雜貨，逐什一之利。」[84]「漢清化師全付，昆山人，隨父賈販至

79　（唐）崔嘏：《授紇千杲江西觀察使制》，《全唐文》卷七二六。

80　（唐）白居易：《除裴堪江西觀察使制》，《全唐文》卷六六一。

81　（唐）姚合：《莊居野行》，《全唐詩》卷四九八。

82　（唐）韋莊：《南昌晚眺》，《全唐詩》卷六九八。

83　（唐）魏征等：《隋書》卷三一，志第二六，《地理下》。

84　（宋）李昉等：《太平廣記》卷二〇四《樂二·呂鄉筠》，《文淵閣四庫全書》本。

豫章。」**85**他們可能是一些小販，獲利微薄，而與大商販不可同日而語。大曆、貞元年間就有違令造大船至江西貿易者，他們所獲利潤非常豐厚：「大曆、貞元間，有俞大娘航船最大，居者養生、送死、嫁娶悉在其間，開巷為圃，操駕之工數百，南至江西，北至淮南，歲一往來，其利甚博，此則不啻載萬也。洪鄂之水居頗多，與屋邑殆相半。」**86**受商業利益的刺激，胡商也深入江西進行貿易，《廣異記》就記載闍州樵客莫徭帶著象牙至洪州時，二胡商爭購致訟一事。《太平廣記》對胡商在洪州的活動也有記載。**87**

此外，江西商人也來往於江西與他地，不斷追逐著商業的利益。如《太平廣記》就記載一位元名為尼妙寂的潯陽女子嫁與同郡的商人任華，並且其「父升與華往復長沙廣陵間」**88**。在揚子江、錢塘江這兩大貿易良港，也經常有江西商人駕駛大帆船出沒其中輾轉貿易，「揚子、錢塘二江者，則乘兩潮發棹，舟船之盛，盡於江西，編蒲為帆，大者或數十幅」**89**。對當時各地之間往來貿易的繁榮情形，在崔融請禁關稅的言論中也有所反映：

85（宋）范成大：《吳郡志》卷四二，《文淵閣四庫全書》本。

86（唐）李肇：《唐國史補》卷下。

87（宋）李昉等：《太平廣記》卷三七四《靈異・胡氏子》，《文淵閣四庫全書》本。

88（宋）李昉等：《太平廣記》卷一二八《報應二十七・尼妙寂》，《文淵閣四庫全書》本。

89（唐）李肇：《唐國史補》卷下，《文淵閣四庫全書》本。

「且如天下諸津，舟航所聚，洪舸巨艦，千軸萬艘，交貨往還，昧旦永日。」[90]商人往往因為這種往來貿易的繁榮而致富，「洪鄂之水居頗多，與屋邑殆相半。凡大船必為富商所有，奏商聲樂，眾婢僕，以據舵樓之下，其間大隱，亦可知矣」[91]。

不僅江西內部、江西與他地的貿易有發展，而且唐代形成了較多的商品門類，有的成為一個地區的特色，有的成為人們倚以為生的產業，這一方面豐富了商品市場，另一方面也繁榮了江西的經濟。

在唐代，茶葉成為一種重要的商品。《茶經》載江西袁州、吉州均產茶。洪州茶在名品之列，「《唐史》曰：『風俗貴茶，茶之名品益眾……洪州有西山之白露』」[92]。浮梁「每歲出茶七百萬馱，稅十五餘萬貫」[93]，並且至該地販茶的商人非常多，「商客來求，舡車塞紹」[94]。如果按照德宗貞元九年「十分稅一」[95]茶稅標準，僅浮梁一縣的茶稅也是非常可觀的。伴隨著飲茶之風的盛行，以種茶為生的人也出現了，「呂用之，鄱陽安仁里細民

---

90 （宋）王浦：《唐會要》卷八六《關市》。

91 （唐）李肇：《唐國史補》卷下，《文淵閣四庫全書》本。

92 （宋）李昉等：《太平御覽》卷八六七《飲食部二十五·茗》，《文淵閣四庫全書》本。

93 （唐）李吉甫：《元和郡縣志》卷二十八《江南道·饒州·浮梁》，《文淵閣四庫全書》本。

94 潘重規：《敦煌變文集新書》卷七。

95 （宋）李昉等：《通典》卷一一《食貨典·雜稅》記：「（德宗）貞元九年制，天下出茶州，商人販者，十分稅一。」

也。性桀黠，略知文字。父璜，以貨茗為業，來往於淮浙間」**96**。虔州贛縣則因其所產茶質優，也催生了一批種茶為生的人，「茶，山阜園地皆產，惟山高而土黃得清虛之氣，多者為貴。贛之儲茶出自儲山，曰大圓儲茶，香味最佳，昔嘗入貢，所產無多，人不易致，各鄉亦有藝茶為業者」**97**。由於茶葉貿易獲利的豐厚，貞元九年春，開始徵收茶稅，自此每年徵得稅錢四十萬貫。「茶之有稅，自此始也。」**98**同時，茶葉的私買私賣現象也較多，儘管政府嚴令禁止，但仍無法禁絕，這從武宗朝鹽鐵司的奏摺裡可以窺見一斑：

> 武宗以開成五年正月四日即位，十月詔複茶稅，鹽鐵司奏曰：「伏以江南百姓營生多以種茶為業，官司量事設法，惟稅賣茶商人，但於店鋪交關，自得公私通濟。今則事須私賣，苟務隱欺，皆是主人互郎中里誘引，又被販茶奸黨分外勾牽所繇，因此為奸利，皆追收攪擾，一人犯罪，數戶破殘，必在屏除，使安法理。其園戶私賣茶犯十斤至一百斤，徵錢一百文，決脊杖二十；至三百斤，決脊杖二十，錢亦如上；累犯、累科、三犯已後，委本州上歷收管，重加徭役，

96 （宋）李昉等：《太平廣記》卷二九〇《妖妄三‧呂用之》，《文淵閣四庫全書》本。

97 同治《贛縣志》卷九《物產》。

98 （宋）李昉等：《太平御覽》卷八六七《飲食部二十五‧茗》，《文淵閣四庫全書》本。

以戒鄉閭。此則法不虛施，人安本業，既懼當辜之苦，自無犯法之心，條令既行，公私皆泰。若州縣不加把捉，縱令私賣園茶，其有被人告論，則又斫園失業，當司察訪，別具奏聞，請准放私鹽例處分。」又云：「伏以興販私茶群黨頗眾，場鋪人吏皆與通連，舊法雖嚴，終難行使……」**99**

對於民間茶葉的私買私賣行為，政府三令五申，但仍不能使之絕跡。私下交易的盛行，一方面是為了逃避政府的稅收，另一方面也說明茶葉已成為一種重要的商品。

隨著唐代社會的發展，農桑更好的結合起來，其產品逐漸商品化。《太平廣記》記載洪州一胡姓因第五子兼營農桑，將糧食投入市場交易，使貧窮之家轉而富裕：「胡本家貧，有子五人，其最小者，氣狀殊偉。此子既生，家稍充給，農桑營贍，力漸豐足，鄉里咸異之。其家令此子主船載麥，溯流詣州市。」**100**這說明糧食自給之外還有大量剩餘，大糧商往往因此而出現，「盧陵人龍昌裔有米數千斛糶」**101**，「浮梁張令，家業蔓延江淮間，累金積粟，不可勝計」**102**。早在隋朝時，豫章的養蠶織布業就

---

99 （宋）王欽若等：《冊府元龜》卷四九四《邦計部》。

100 （宋）李昉等：《太平廣記》卷三七四《靈異·胡氏子》，《文淵閣四庫全書》本。

101 （宋）李昉等：《太平廣記》卷二四三《治生·龍昌裔》，《文淵閣四庫全書》本。

102 （宋）李昉等：《太平廣記》卷三五〇《鬼三十五·浮梁張令》，《文淵閣四庫全書》本。

很發達，出現了一種夜浣紗而旦成的布，俗稱雞鳴布，「豫章之俗……一年蠶四五熟，勤於紡績，亦有夜浣紗而旦成布者，俗呼為雞鳴布」[103]。袁皓筆下的宜春也是一副家家紡績的圖景，「有村皆績紡，無地不耕犁」[104]。可以想見，此時該地所產的布匹除滿足當地的需要外還投入市場。

江南水鄉盛產魚類，因此漁業逐漸成為商業中一個較為活躍的行業，江南人也往往樂於從事漁業貿易。白居易描繪了繁華的漁業市場，「水市通闤闠，煙村混舳艫。吏徵漁戶稅，人納火田租」[105]。市散後，「市散漁翁醉，樓深賈客眠」[106]。在其間也出現了以販魚為生的人，「唐豫章民有熊慎者，其父以販魚為業，嘗載魚宿於江滸」[107]。「鱗介多潛育，漁商幾溯洄；風搖蜀柿下，日照楚萍開。」[108]唐中宗時，「遣使江南分道贖生，以所在官物充直」，朝臣李乂提出了反對意見：

103 （唐）魏徵等：《隋書》卷三一，志第二六，《地理下》。

104 （唐）袁皓：《重歸宜春偶成十六韻寄朝中知己》，《全唐詩》卷六〇〇。

105 （唐）白居易：《東南行一百韻，寄通州元九侍御，灃州李十一舍人、果州崔二十二使君，開州韋大元外、庾三十二補闕、杜十四拾遺、李二十助教員外、竇七校書》，《全唐詩》卷四三九。

106 （唐）韋莊：《建昌渡暝吟》，《全唐書》卷六九八。

107 （宋）李昉等：《太平廣記》卷一一八《報應十七‧熊慎》，《文淵閣四庫全書》本。

108 （唐）蘇味道：《九江口南濟北接蘄春與潯陽岸詩》，見《初學記》卷六《地部》。

時中宗遣使江南分道贖生，以所在官物充直。义上疏曰：「江南水鄉，採捕為業，魚鱉之利，黎元所資，土地使然，有自來矣。伏以聖慈含育，恩周動植，布天地之大德，及鱗介之微品。雖雲雨之私，有霑於末類；而生成之惠，未洽於平人。何則？江湖之饒，生育無限；府庫之用，支供易殫。」（後晉）劉昫等：《舊唐書》卷一〇一，列傳第五一，《李义》。

李义的話暗含了魚類作為一種商品已由來已久，「魚鱉之利，黎元所資，土地使然，有自來矣」。只不過此時更加繁榮而已。

唐代木材業也成為商業中一個較為重要的門類。豫章盛產木材，《貞觀政要‧納諫第五》即載隋朝營造宮殿的大木材大多採自豫章，兩千人才能拖動一根。「梗、楠、豫章之生也，七年而後知，故可以為棺、舟。」[109]「樟木，江東人多取為船。」[110]所以木商往往將豫章的木材運至廣陵等地謀利，「豫章諸縣，盡出良材，求利者采之，將至廣陵，利則數倍」[111]。同時，以樵採

---

[109] （宋）李昉等：《太平御覽》卷九五七《木部六‧豫樟》，《文淵閣四庫全書》本。

[110] （宋）李昉等：《太平廣記》卷四〇七《草木二‧鬥蛟船木》，《文淵閣四庫全書》本。

[111] （宋）李昉等：《太平廣記》卷三三一《鬼十六‧楊溥》，《文淵閣四庫全書》本。

為生的人也出現了，虔州即有山都木客。[112]《太平廣記》記有自鄱陽至洪州的賣薪者，「賣薪者自鄱陽來，宿黃倍山下」[113]，甚至地區性的木材生產與交易市場也可能出現了，前引《太平廣記》卷三五四《鬼三十九‧徐彥成》讓我們可以猜想當時的信州汭口可能是一個木材生產或交易場所，木商多往此販運，然後將木材運至江浙一帶銷售，往往獲利頗豐。

薪炭行業也是比較成熟的行業。為了追求高額的利潤，薪炭行業出現了短斤少兩的現象，政府對此予以規範，「會雪中炭肆有斗者，錄問之，言市炭一秤，而輕不及數，宣使秤之，信然。乃斬賣炭者，梟首懸炭於市。自是賣炭者率以十五斤為秤，無敢輕重」[114]。政府需要專門發文來規範薪炭行業，說明薪炭行業可能是當時關係到國計民生的重要行業。

酒在唐代可能已成為一種重要的商品。江西的酒業也較發達，如杜牧停船溢浦的時候就曾寫詩云：「青梅雨中熟，檣倚酒旗邊。故國殘春夢，孤舟一褐眠。」[115]酒旗代表的是專營酒的場所。潯陽酒是頗受詩人歌頌的美酒，「潯陽多美酒，可使杯不

---

112 （宋）李昉等：《太平廣記》卷三九七《山‧贛台》，《文淵閣四庫全書》本。

113 （宋）李昉等：《太平廣記》卷四五九《蛇四‧安陸人》，《文淵閣四庫全書》本。

114 （宋）馬令：《南唐書》卷一八，苛政傳第一四，《張宣》，《文淵閣四庫全書》本。

115 （唐）杜牧：《罷鐘陵幕吏十三年，來泊溢浦，感舊為詩》，《全唐詩》卷五二三。

燥。」[116]在《太平廣記》所列舉的酒名裡面，潯陽的溢水也是榜上有名，「劍南之燒春，河東之乾和蒲桃，嶺南之靈溪博羅，宜成之九醞，潯陽之溢水，京城之西市腔，蝦蟆陵之郎官清……」[117]可能是江西釀酒業及酒市場的發達，並且樂此不疲，反映在酒稅上就是大大超過他州，「初，江西榷酒利多佗州十八，民私釀，歲抵死不絕」[118]。

藥材業在唐代也是市場上較為活躍的商品，有專業從事藥材貿易的「賣藥客」，白居易云：「我本江湖上，悠悠任運身。朝隨賣藥客，暮伴釣魚人。」[119]「申漸高，不知何許人也，在吳為樂工，吳多內難，伶人不得志，漸高常吹三孔笛，賣藥於廣陵市。」[120]此時甚至出現了以謀利為目的的較大規模藥材種植現象，「藥圃茶園為產業，野麋林鶴是交遊」[121]。

唐代的勞力市場已出現了勞動力買賣的現象，潯陽就有這類的招工牌，「娥因問余姓氏官族，垂涕而去。爾後小娥便為男子服，傭保於江湖間，歲餘，至潯陽郡，見竹戶上有紙榜子，云召

116　（唐）白居易：《首夏》，《全唐詩》卷四三三。

117　（宋）李昉等：《太平廣記》卷二三三《酒·酒名》，《文淵閣四庫全書》本。

118　（宋）歐陽脩等：《新唐書》卷一六一，列傳第八六，《李紓》。

119　（唐）白居易：《贈江州李十使君員外十二韻》，《全唐詩》四四三。

120　（宋）馬令：《南唐書》卷二五，談諧傳第二一，《申漸高》，《文淵閣四庫全書》本。

121　（唐）白居易：《重題》，《全唐詩》卷四三九。

備者」[122]。

　　總之，在農業、手工業等發展的基礎上，再加上相對優越的地理位置，唐至南唐時江西的商業取得了較大的發展。表現為商品種類增加，並且形成了各具特色的行業，在長途及短途貿易仍然佔有較為重要位置的基礎上，也形成了商品的交易市場，逐漸「由純粹的販賣性商業轉向由眾多市場、市鎮及草市等組成的商業區」[123]。

　　可以說，唐代江西經濟逐漸擺脫純自然經濟的狀態，各行業不斷趨於商品化，反映出社會發展的一個新動向。正如有學者指出的，「江西綜合發展的農業、商品生產的手工業及有系統配套的商業這一經濟格局，在唐中後期以來已經初步確立。這正是江西經濟發展與社會變遷的一個動力」[124]。

第二節 ▶ 宋明經濟：贛文化發展和繁榮的物質支撐

　　宋明時期江西經濟輝煌是和唐以後中國經濟重心南移的大背

---

122 （宋）李昉等：《太平廣記》卷四九一《雜傳記八・謝小娥傳》，《文淵閣四庫全書》本。

123 傅築夫：《中國封建社會經濟史》，人民出版社，1986年版，第379頁。

124 劉小生、陳金鳳：《唐代江西經濟發展與社會變遷——以〈太平廣記〉為中心》，《農業考古》2005年第3期。

景密切相關的。根據鄭學檬的研究，中國古代經濟重心南移的時間下限，即終點，應在宋代，也就是說，經濟重點南移至北宋後期已接近完成，至南宋則全面實現。[125]江西經濟的發展軌跡基本符合唐宋經濟南移的軌跡而又顯得略早。唐代，江西經濟開始逐漸發展，五代達到比較高的水準，至北宋，江西經濟發達程度已領先全國。

　　唐以前，和其他南方地區一樣，江西經濟在全國處於相對落後的地位。生產方式仍然採用比較粗放的「火耕水耨」形式，也沒有形成全國知名的手工業產業，在朝廷貢賦體系中也不占重要地位。唐代江西經濟逐漸起步，農業生產、手工業生產都有了長足的進步，茶葉貿易極其有名。江西成為朝廷重要糧食供應地，江南西道成為唐後期朝廷財賦所依賴的「東南八道」之一，故而白居易稱讚江西地區道：「江西七郡，列邑數十，土沃人庶，今之奧區，財賦孔殷，國用所係」[126]。

　　五代時期，江西大部分時間屬於南唐管轄範圍，政治環境相對安定，統治者也相對比較重視農業生產，經濟發展較快。五代時期，江西新設的縣達到十九個之多，表明了此時江西經濟開發的深度和廣度，另外，在水利、農業生產、手工業生產和商品經濟方面，都有了長足的進步。[127]

---

125 鄭學檬：《中國古代經濟重點南移和唐宋江南經濟研究》，嶽麓書社，
　　　2003 年版，第 19 頁。

126 （唐）白居易：《除裴堪江西觀察使制》，《全唐文》卷六六一。

127 陳金鳳：《江西通史・隋唐五代卷》，江西人民出版社，2008 年版，

江西經濟翹楚全國是在宋代，諸多證據表明北宋時期江西經濟已在全國居於前列，而且，這種領先的勢頭一直維繫到明代中期。

　　通常言及宋明江西經濟發達者，常舉許多事例展現江西農業、手工業及商業的發達，諸如水稻生產技術的先進、瓷器生產的發達和商業市鎮的繁榮等等，這些事實固然可說明江西經濟繁榮，但無法看出江西經濟在全國的地位。筆者認為，可以從人口數字和漕糧、稅米輸出量兩個數字來管窺江西經濟在全國的地位，因為人口數位是傳統時代地區開發和地區財富的象徵，而漕糧、稅米輸出量的多少則代表了江西經濟在朝廷財賦體系中的比例。

　　宋代江西一個引人注目的事實是人口的持續增長。根據吳松弟的研究，在北宋北方人口有所下降的同時，北宋江西人口卻持續增長，至北宋末年，江西人口已居全國第三位，人口密度則更躍居全國第二位，南宋的嘉定十六年（1223），江西人口已居全國分省人口的第二位，人口密度居全國第三位，已成為人口外遷地區。[128]宋代江西人口數字在全國佔據如此重要的地位，說明了江西地區的富庶。根據曹樹基對中國人口數字的估測，崇禎三年（1630），江西人口約為 1930 萬，而全國人口約為 19251

第 111-211 頁。

128 吳松弟：《中國人口史》第三卷《遼宋金元時期》，復旦大學出版社，2000 年版，第 487-493 頁。

萬，[129]江西人口約占全國人口的百分之十，即江西人口占了全國的十分之一，和今天相比，這一比例是相當高的。

宋代江西地區是中國重要糧食生產基地，亦是輸往京師的東南漕糧的主要承擔地區之一，除太湖平原之外，數江西所出漕糧最多，南宋吳曾《能改齋漫錄》說：「本朝東南歲漕米六百萬石，江西屬三分之一，天下漕米取於東南，東南之米多取於江西，是宋代江西漕運，蓋二百萬石也。」[130]不僅如此，兩宋時期江西的糧米還常運羅江東，以補江東糧食不足，[131]成為東南區內除太湖平原外的主要糧食輸出區之一[132]。根據《明會典》的記載可發現，明代江西所承擔夏稅和秋糧總額令人吃驚地佔據了全國第一的位置。[133]官方典籍中的夏稅和秋糧額數並不和實際徵收額度對應，但是，充分說明了江西在王朝財賦體系中的地位。

實際上，從北宋至明中期的約六百年間，江西無論在王朝財政體系中，還是在產業經濟及商業方面，均佔據全國前列。因

---

129 曹樹基：《中國人口史》第四卷《明時期》，復旦大學出版社，2000年版，第452頁。

130 （宋）吳曾：《能改齋漫錄》卷一三《唐宋運漕米數》，上海古籍出版社，1979年版。

131 （宋）朱熹：《朱文公文集》卷八八《劉公神道碑》。

132 韓茂莉：《宋代農業地理》，山西古籍出版社，1993年版，第129頁。

133 （明）申時行等修，趙用賢等纂：《大明會典》卷二四《稅糧一》，卷二五《稅糧二》，見《續修四庫全書》，上海古籍出版社，1995年版。

此，在很長一段時間，江西人都處於中國經濟的弄潮者地位。自
宋代起，吉安人就開始到湖南去尋求土地租佃。明代，他們周流
天下，形成全國聞名的江右商幫。除了讀者所熟悉的活躍於西南
地區的江西商人外，[134]在嶺南的江西商人也異常活躍。[135]儘管，
誠如學者們所指出的，江右商人終因小本經營和分散投資，無法
在經營規模上與徽商和晉商相比，但就從業人數之多、操業之廣
而言，江西商人還是數一數二的，特別是在明初至明中期，徽商
和晉商還沒有崛起的時候，江西商人的經濟影響力已居於全國首
位。

　　只有從全國經濟地位進行橫向比較，才能真正瞭解宋明時期
江西經濟的地位和影響。正因為經濟上的發達，江西文化才能在
宋明時期翹楚全國，形成六百多年的輝煌。

　　毫無疑問，經濟發展了，文化也必然跟著發展。關於宋明時
期江西文化的輝煌，並不是本書的重點，本書也無意在這裡列舉
諸如進士數量、文學經典、史家巨作等因素來展示宋明江西文

---

134 關於江右商人的研究，可參考方志遠的系列研究：《明清江右商的社
會構成與經營方式》，《中國經濟史研究》1992 年第 1 期；《明清江右
商的經營觀念與投資方向》，《中國史研究》1991 年第 4 期；《明清西
南地區的江右商》，《中國社會經濟史研究》1993 年第 4 期，等等。

135 筆者發現大約六塊明代吉安府的墓誌銘都記載了其主人生前曾長期客
居嶺南放高利貸而致富的事實。試舉二例：「比壯，有江湖癖，客嶺
南，豐資厚蓄，義先周急，貸而窘責者置弗究」；「比長，恥局役轅
車，攜琴撥劍，壯遊嶺粵……而又相時盡利，權奇伸縮，以神變化。
故貨擬王公，富亞猗陶。」參考高立人主編《廬陵古碑錄》，江西人
民出版社，2007 年版，第 144 頁、第 176 頁。

化。筆者只想在這裡道出兩個耐人尋味的事實。

宋明時期，江西人一直處於朝政的核心地位，且多為革新派。從歐陽脩、王安石、周必大、胡銓、文天祥到解縉、楊士奇、桂萼、夏言，江西人並不保守，而是勇於革新，銳意進取。這應和江西本土的經濟發達和開放有一定的關係。以王安石變法來說，按照著名歷史學家谷霽光的看法，王安石和司馬光的分歧在於對待商品經濟的態度不一樣，王安石主張利用商品經濟為政權服務，而司馬光則主張消極對待商品。谷老進一步認為，王安石對待商品經濟的態度表明他較多地反映了南方地主和商人的要求。[136]王安石對待商品經濟的態度是否和江西商品經濟發達有關尚可討論，但顯然和南方經濟發展的區域相關，這就提示我們，經濟發達與政治文化之間密切相關。簡言之，江西人在宋明時代之所以能夠在朝政中叱吒風雲，和江西本土的發達經濟並非毫無關係。

另一個有意思的事實是明初江右商幫的興起與地域文化的密切關係。明初江右商人的勢力非常大，分布也非常廣，而明初，江西人也一直把持著朝政。這兩者並非沒有關聯。筆者注意到，明初江西人不僅比較早在京城建會館，而且，所建會館數量還高居各省之首。[137]並無多少確切證據證明江西商人的生意曾經得

---

136 谷霽光：《王安石變法與商品經濟》，《谷霽光史學文集》第二卷《經濟史論》，江西人民出版社，1996 年版，第 295 頁。

137 呂作燮：《試論明清時期江西會館的性質和作用》，《中國資本主義萌芽問題論文集》，江蘇人民出版社，1983 年版。

到朝中本籍大員的支持，但江西商人，尤其是很多西南的江西商人從事明代法律禁止的開礦活動並因而發家致富，或可讓人想像兩者的些許關聯。江西商人之所以在西南能夠富甲一方，礦業開採是根本原因。方志遠早就指出，江西朝中有人做官對江西商人從事礦業開採和軍需供應起了決定性作用。[138]所以說，江西商人崛起和「朝士半江西」的政治局面有必然聯繫。江西人之所以能夠佔據明初朝臣的半壁江山，顯然紮根於江西深厚的科舉文化。江西商人和科舉發達之間的互利關係，早已為論者所熟悉。方志遠則舉南城名宦羅玘等人的例子進一步指出，江西商人的利潤投向之一乃是捐納投資。[139]另一方面，正如丁文江所指出的，宋應星之所以能夠寫出《天工開物》這樣的不朽著作，和明代採礦業大多「操持於江西商人」之手有關。這一點和宋代江西人之所以能夠寫出中國歷史上第一部水稻專著《禾譜》乃是因為宋代吉安地區有著領先全國農業經濟水準一樣的道理。因此，宋明時期江西人經濟上的成就無疑對江西文化的輝煌又奠定了雄厚的物質基礎。

　　因此，宋明時期江西在經濟上的成就與文化上的輝煌相輔相成。如果說贛文化之輝煌時期始於宋明階段，則宋明經濟構成了

---

138 方志遠、謝宏維：《江西通史・明代卷》，江西人民出版社，2008 年版，第 216 頁；胡平編著：《第三隻眼看江西》，江西人民出版社，2004 年版，第 138 頁。

139 方志遠、謝宏維：《江西通史・明代卷》，江西人民出版社，2008 年版，第 233 頁。

贛文化的物質基礎。

第三節 ▶ 地理環境與行政沿革

本書所指的江西，是以現今江西省人民政府所轄行政區為研究範圍。由於「江西」是一個歷史範疇，其在不同時代往往具有不同的含義並包涵不同的地理單元，因而有必要對所研究時段的「江西」地域範圍予以界定，本書在行文中姑以「江西」概而言之。

唐代在全國實行「道」制，唐太宗時設立了江南道，江南西道的治所在洪州，統轄今天江西和湖南二省、安徽南部、湖北東部長江以南地區，「江西」由此得名。唐代江西地區的八個州中除信州一度隸屬於江南東道外，其餘七州均長期隸屬江南西道。

五代後周時期，趙匡胤通過「黃袍加身」建立了趙宋王朝，定首都開封，在行政區劃的設置上以路制取代唐代的道制，江西地區在宋代一般分屬江南西路、江南東路，所轄合九州四軍，計六十九縣。除婺源外，江西地區的州軍縣分別為洪州八縣：南昌、新建、奉新、豐城、分寧、武寧、靖安、進賢；筠州（南宋時改稱瑞州）三縣：高安、上高、新昌；袁州四縣：宜春、分宜、萍鄉、萬載；臨江軍三縣：清江、新淦、新喻（今新余縣）；吉州八縣：廬陵、吉水、安福、泰和、龍泉、永新、永豐、萬安；撫州五縣：臨川、崇仁、宜黃、金溪、樂安；建昌軍四縣：南城、南豐、新城、廣昌；信州六縣：上饒、玉山、弋陽、貴溪、永豐、鉛山；饒州六縣：鄱陽、餘干、樂平、浮梁、德興、

安仁；南康軍三縣：星子、建昌、都昌；江州五縣：德化、德安、瑞昌、湖口、彭澤；南安軍三縣：大庾（今大余縣）、南康、上猶；虔州十縣：贛、虔化（今寧都）、興國、信豐、雩都（今于都縣）、會昌、瑞金、石城、安遠、龍南。其中，江州、饒州、信州、南康軍以及歸歙州（南宋時改為徽州）管轄的婺源劃屬江南東路，唯江州南宋時劃歸江南西路；宋時江南西路還設有興國軍，位於今天的湖北境內，並不在今天的江西行政區劃之中，故史料概言「江南西路」的情況時，須注意興國軍亦包含在內。

　　從五代十國時期開始，北方中原地區一直處於戰亂之中，江西地區則少有戰亂，社會相對平穩，社會生產力沒有受到嚴重的破壞，反而在政府採取休養生息政策的背景下取得社會經濟的穩步發展，特別是兩宋時期，江西地區人口大幅增長，分別於北宋時高居南方各省首位，南宋時高居第二位（關於此問題，後文將對此展開進一步的論述）。北宋政權的建立，雖然結束五代十國割據局面，但依然存在與其對峙的遼、西夏政權，南宋遷都臨安，又有與金政權長達一百多年的對峙局面，這種狀況導致大量北人南遷，尤其是「靖康之亂」後，「中原士民，扶攜南渡，不知幾千萬人」；「建炎之後，江、浙、湘、閩、廣、西北流寓之人遍滿」[140]，為江西地區注入大量勞動力，推動江西地區農業

---

140 （元）脫脫等：《宋史》卷二十三，本紀第二十三，《欽宗》；（宋）李心傳：《建炎以來繫年要錄》卷八十六，紹興五年閏二月壬戌。

產業的蓬勃發展。社會經濟的繁榮和人口的增加，必然帶來某些政治統治策略的調整，尤其在行政區劃的重新劃分上更為明顯。兩宋時代江西各地區上屬的江南西路與江南東路分合調整不定，路級以下政區的變動則更為頻繁，特別是江西地區的多數軍、縣也紛紛在這個時期開始得以設立或復置。

北宋太平興國元年（976），分江南路置江南東、西二路，[141]江南西路治洪州，領洪、虔、吉、袁、撫、筠等州和建武軍（後改稱建昌軍）[142]；與此同時，饒州、信州則分屬於新置的江南東路。太平興國三年（978），增領興國軍，[143]包括今天湖北黃石市的大冶、陽新、通山三縣。太平興國四年（979）以後，江南西路治洪州，領洪、虔、吉、袁、撫、筠等州及興國軍、建昌軍，後又增領南安軍（從虔州分出）、臨江軍（從筠州分出）。[144]太平興國七年（982），割江州和江南西路洪州地置南康軍，歸江南東路所轄。[145]至道三年（997）江南西路與江南東路合為江南路。[146]北宋天禧四年（1020）夏四月，分江南路再置江南西路，治洪州，領洪、虔、吉、袁、撫、筠等州及興國、建昌、南

---

141 （宋）王存：《元豐九域志》卷六《江南路》。

142 （元）脫脫等：《宋史》卷八十八，志第四十一，《地理四·江南西路》。

143 （宋）王象之：《輿地紀勝》卷三三《江南西路·興國軍》。

144 （元）脫脫等：《宋史》卷八十八，志第四十一，《地理四·江南西路》。

145 （宋）王存：《元豐九域志》卷六《江南路》。

146 張家駒：《宋代分路考》，《禹貢》半月刊第1期。

安、臨江等軍。[147]南宋建炎四年（1130），江南東、西路再次復合為江南路。[148]紹興元年（1131），復分江南路置江南西路，治洪州，領洪、虔、吉、袁、筠等州及興國、南安、臨江等軍，[149]後又領江州、南康軍[150]。紹興四年（1134）分南康軍隸江南東路，撫州、建昌軍改屬江西路。[151]婺源縣自唐開元二十八年（740）休寧縣回玉鄉、饒州樂平縣懷金鄉設立後，便劃屬徽州，與江西地區的信州、饒州、南康軍一道，長期劃隸江南東路。

許懷林先生在《試論宋代江西經濟文化的大發展》一文中認為：「國家對統治區的行政管理，州縣等地方政府機構的設立，除軍事上的特殊需要外，都以各地區的經濟開發程度為主要依據。一般情況是，人口稀少，物產貧乏的地方，州縣的數目少。反之，人口眾多，物產豐富的地方，州縣的數目多，全國情況如此，江西也是如此。」[152]接著許懷林還對宋時江西各軍、縣的設

147　（元）脫脫等：《宋史》卷八，本紀第八，《真宗》。

148　（元）脫脫等：《宋史》卷八十八，志第四十一，《地理志四・江南西路》。

149　（元）脫脫等：《宋史》卷八十八，志第四十一，《地理志四・江南西路》。

150　（宋）王象之：《輿地紀勝》卷三〇《江南西路》；（元）脫脫等：《宋史》卷八十八，志第四十一，《地理志四・江南東路》；（清）徐松：《宋會要輯稿》，第一百八十九冊，《方域六》，第 7417 頁。

151　（清）徐松：《宋會要輯稿》，第一百八十九冊，《方域六》，第 7418 頁。

152　許懷林：《試論宋代江西經濟文化的大發展》，《江西師範大學學報（哲學社會科學版）》1980 年第 4 期。

立背景與經過作了詳細介紹，根據他的研究，南安軍，建立於淳化元年（990），它位於贛西南角，控扼著大庾嶺上的梅嶺通道。自唐開通梅嶺通道後，它在溝通廣南與中原的經濟、政治、軍事聯繫中的作用日益增大，由廣州北上的官員、外國使臣和海貨，都是沿北江而上至南雄，改由陸路而進入大庾縣的小梅關，經南康至虔州，再改水路，順贛江北上的。宋王朝便把大庾、南康、上猶三縣劃出來建立南安軍，其目的就在於增強控制嶺南與嶺北通道咽喉的統治力量。臨江軍，建立於淳化三年（992），位於贛江中游──全省的中心地帶，袁水自西來會，水陸交通便利，是重要的物資集散地。宋朝把這三縣劃出來建軍，為的就是更有效地控制贛江航道，轉運江西財富。南康軍，建立於太平興國七年（982），治星子縣，並領建昌、都昌二縣。星子在廬山南麓，面朝鄱陽湖，背靠五老峰，在五代楊行密統治時期建為鎮，五六十年後便發展成縣。在宋太宗時，由於「星子當江湖之會，商賈所集」，太平興國三年（978），「詔以為縣，就命宜知縣事」，至太平興國七年（982），「以為南康軍」。[153]星子改縣並升為南康軍後，把位於贛江、修水入湖口的建昌和隔湖相望的都昌割入，扼住鄱陽湖的頸項，加強了對湖區的出產和交通統制。建昌軍，治南城，本南唐後主李煜所建，取名建武軍，宋太宗太平興國四年（979）改名建昌，轄南城、南豐二縣。到南宋紹興八年

---

153 （元）脫脫等：《宋史》卷四百三十一，列傳第一百九十，《儒林一·孔宜》。

（1138），由於人口大量增加，又從南城分出一個新城縣，從南豐分出一個廣昌縣。

宋代江西地區新置和復置的縣數量相當可觀，除前述廣昌縣外，還包括有星子（978）、會昌（980）、新建（981）、分宜（984）、金溪（994）、永豐（1054）、萬安（1071）、樂安（1149）等八縣，復置的縣份有新昌（今宜豐，981）、興國（982）、安仁（今餘江，988）、永豐（今廣豐，1074）、進賢（1103）、新城（今黎川，1138）六縣。[154]陳榮華等人認為，新增與縣置縣制行政區，雖然是當時統治階級強化統治的一種手段，但直接動因多是由於社會經濟的發展和人口增加的結果。[155]實際情況亦是如此，舉例如廣昌縣，它的地理位置處於旴江的上游，武夷山山下，與福建省接界，雖然地理位置比較偏遠，但是傳統時期開發得比較快，故許懷林引當地縣志稱：廣昌之地「人口繁夥，疆界闊遠，難於撫字」，於是在紹興八年（1138）從南豐分出建縣；吉州之永豐縣亦是因類似的緣由而建立的，據史料載：「吉水之為邑，自太平興國至至和初，尤為諸邑劇，丁糧之繁，賦輸之夥，強理之充斥，訟訴之紛紜，為州與縣者常病之」，於是在至和元年（1054）分出五鄉計三萬五千戶，以報恩鎮為中心成立

---

154 陳榮華等：《江西經濟史》，江西人民出版社，2004年版，第224頁；括弧中年份表示創建或複置時間。

155 陳榮華等：《江西經濟史》，江西人民出版社，2004年版，第224頁。

新縣。[156]再舉例如分宜縣，雍熙元年（984）因宜春之地「地大人眾」「壤沃利厚」，官府便從中分出十個鄉共兩千戶，建立分宜縣「以便民」。[157]

某種程度上說，唐宋江西地區政區演變的歷史，就是諸多江西地區軍、縣設立或復置的歷史，它們基本上屬於社會動盪與人口迅猛增長、社會經濟蓬勃發展的產物；這些政區的存在，使得兩宋時代江西地區地方政治單元得以確立，亦成為今天我們討論宋代江西地區土地墾辟與人口增長的基本地理範圍（參見圖 1.1 所示）。

江西地處長江中下游南岸，江南丘陵的重要部位，襟長江，東連蘇、滬，出東海；西接湘、鄂，過高峽，直達滇、川；南引甌越，出武夷，走梅關，交鄰閩、粵；北渡長江，長驅中原。江西是一個以丘陵山地為主的省份，省境東西南三面環山，中間丘陵起伏，北部為中國第一大淡水湖──鄱陽湖及其周圍平原；地勢南高北低，從外向內，由南向北漸次向鄱陽湖傾斜，人們常稱江西是一個北面開口的紅色盆地；省內江河縱橫，最大河流贛江縱貫南北，同撫、信、饒、修諸水一起順著地勢，從東、南、西三面注入鄱陽湖。[158]《江西全省輿圖》之《序》曾對江西作過

---

156 參見許懷林：《試論宋代江西經濟文化的大發展》，《江西師範大學學報（哲學社會科學版）》1980 年第 4 期。

157 陳榮華等：《江西經濟史》，江西人民出版社，2004 年版，第 225 頁。

158 《江西農業地理》編寫組編：《江西農業地理》，江西人民出版社，1982 年版，第 3 頁。

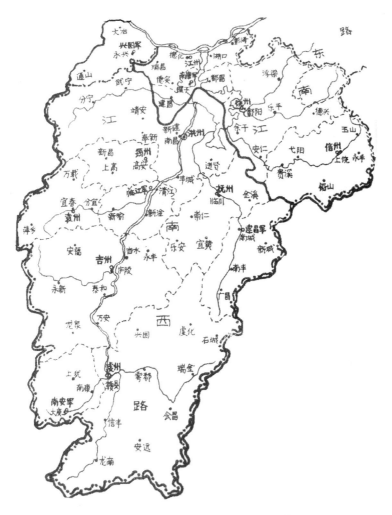

圖 1.1　北宋江西地區政區範圍示意圖

圖片來源：許懷林：《江西通史・北宋卷》，江西人民出版社，
2009 年版，卷首插圖。

一段評價，節錄其文如下：

> 江省北倚岷江，南臨閩粵，東連浙皖，西控兩湖，山則有匡廬庾嶺之奇，水則有章貢彭蠡之險。土物豐蔚，人民秀良，亦東南一都會也。張文升《文武庫》曰：江西，古揚州地，水陸四通，山川特秀，咽扼荊淮，翼蔽吳楚，吉袁密邇，衡湘至於南贛之間，汀漳雄韶諸山會焉。連州跨境，林谷茂密，為閩粵之奧區，此五大門戶也。**159**

所謂「土物豐蔚，人民秀良，亦東南一都會也」，當不無溢美之詞，但也基本反映了江西地區社會經濟達到了一定的水準。上述史料實在地展現了江西在全國所處位置的重要性。

儘管如此，江西地形地貌除鄱陽湖平原及贛、撫、信、修河流域間夾雜著平原、盆地外，其餘以丘陵、山地居多，故《江西省全境疆域圖說》又載：「江西居大江之南，其境多山，四面層巒疊嶂，綿亙蜿蜒，如龍如獸，如漚如泡，斷續縱橫，筆難備敘。」**160**根據《江西農業地理》的介紹，江西是中國江南丘陵的重要組成部分，省內海拔五百米以上山地面積為 59954 平方公里，約占全省土地面積的百分之三十六；三百至五百米的丘陵面

---

159 （清）曾國藩等修、顧長齡彙編：《江西全省輿圖》卷首《序》，清同治七年（1868）刊本。

160 （清）曾國藩等修、顧長齡彙編：《江西全省輿圖》卷首《江西省全境疆域說》，清同治七年（1868）刊本。

積約為 30729 平方公里，約占全省土地面積的百分之十八，如果把這兩項統稱為山區，則其面積約占全省土地面積的百分之五十四，參見表 1-7 所示。

表1-7　江西省各類地形面積分布

類別		絕對高度	相對高度	面積 （平方公里）	占全省面積 （%）
山地		>500米以上	200米以上	59954	36
丘陵	高丘	300～500米	200～300米	30729	18
	低丘	100～300米	50～200米	39465	24
平原		<100米	80米以下	36356	22
全省合計				166604	100

資料來源：《江西農業地理》編寫組編：《江西農業地理》，表 1-1 《江西省地貌類型構成》，江西人民出版社，1982 年版，第 3 頁。根據江西省地質局區域地質調查大隊 1975 年繪製的五十分之一萬《江西地貌圖》資料測算成。

周高中低、向北傾斜，宛如盆地，是江西地區地貌的一個突出特徵；與此相聯繫，江西境內各種地貌類型的分佈大體呈現不太規則的環狀結構形式，表現為從內環的核心──鄱陽湖依次向外推進，分別為：

（1）平原與階地相間的鄱陽湖平原，這裡面積開闊，地勢平坦，河湖交織，不僅是江西地區，也是中國南方一塊少有的平原沃壤。在濱湖地區，還廣泛發育有湖田、洲地，這些湖田、洲地均系河湖泥沙淤積而成，土壤比較肥沃；鄱陽湖周圍的圩田，

是人們長期圍湖造田的產物，許多老圩區隨著湖濱平原的淤積擴大，漸漸脫離湖水的影響，形成大片耕地，不少圩區還靠圍堤防護，圩區內形成獨立的水利系統。平原起伏和緩，土地集中連片，利於發展灌溉，尤以鄱陽湖平原最為突出，是江西最富饒高產的農業地區。

（2）贛中、贛南丘陵地帶，其間鑲嵌著不少山間盆地和谷地。一般來說，高丘地區低於山地，熱量條件較好，又有山地的水源補給，並有修築水庫塘壩的條件，比較有利於發展農耕和經濟林木；盆地多做帶狀延伸，地勢較低平，面積大小不一，較大的有吉泰盆地、贛州盆地，以及于都、瑞金、興國、寧都、南豐、貴溪等盆地，它們常有河流流貫其間，發育成小範圍沖積平原，土壤肥沃，是丘陵區糧田密布、耕作便利的地區。丘陵地區的耕地，主要適合排田和墾田的耕作方式，但也有部分的坑田，多為紅壤發育而成，作物產量相對較低。

（3）贛東北與贛東、贛南、贛西與贛西北邊緣山地，多數山地的構造基本上屬於東北──西南向的複背斜構造。整個贛東北與贛東山地雖然地勢高峻，但其間亦有不少山坳隘口可資交通，山間谷地，常與山嶺平行，是耕地集中分布所在；贛南山嶺之間也分布有許多山間盆地、谷地和隘口，地勢較低，海拔僅三百至四百米，亦是耕地分布的主要所在；贛西與贛西北山地之中發育有修水、錦江、袁水、禾水等上游谷地，海拔較低，往往是耕地集中、農業較發達的地方。

整體而言，江西地貌類型比較齊全，盆地與谷地廣布，有利於農、林、牧、副、漁各業的綜合發展；尤其是在所能提供的山

林、土地和水體的資源和條件上，更是得天獨厚；而這種環狀結構分布形式，也深刻地影響並制約著江西的土地利用與農業生產的地區布局。[161]

以上所述江西這種特定地理形勢的存在，對於江西地區的農業生產發展具有重要意義。總體而言，江西發展農業生產條件得天獨厚。李根蟠在《中國農業史》一書中指出：長江流域及其南境水資源十分豐富，但山多林密，水面廣、窪地多，發展農業生產往往要與水爭地、與山爭地；窪地要排水，山地要引灌；尤其是唐宋以後，南方人口增加，對土地的需要也隨著增加，各種適應當地自然條件的土地利用方式遂獲廣泛的推廣。[162]江西地區因地處其中，而且佔據較大區域範圍，故李氏所述情況在唐宋時期的江西地區同樣表現得相當突出。

應當說，江西地區的開發是一個相當漫長的歷史過程，經過了歷代江西地區人民的辛勤耕耘，才最終造就了上述江西地區土地資源開發和利用的格局。

---

161 《江西農業地理》編寫組編：《江西農業地理》，江西人民出版社，1982 年版，第 3-6 頁。

162 李根蟠：《中國農業史》，文津出版社，1997 年版，第 200 頁。

第二章
宋明時期江西土地墾闢與人口增長

　　宋明時期，是江西地區土地墾闢和人口大幅增長的重要時段。這裡所謂大幅增長，顯然不是指直線式的上升，而是指以伴隨治亂興衰的更替、社會變遷的演進而呈現明顯時空差異為特徵的曲折發展。整體而言，這一時段江西地區一方面在唐至南唐已有開發的基礎上，延續著向山要地、向水要田的土地資源開發模式，突出表現為大規模山地、丘陵梯田的開發和沿河、沿湖圩田的修建與利用；另一方面，在以農為本的傳統中國，農業是國家各項事務的根本，因而普遍得到朝廷的重視，大力進行土地墾闢亦是各級衙門的題中之意，宋明時期的江西地區亦是如此，這就促成了江西農業經濟領域中耕地面積不斷擴大、糧食豐收增產、經濟作物普遍種植以及更為直接的人口數量的迅猛增長。最後這種情況尤其在政權建立初期和整個社會得以穩定之時，體現得尤為明顯。

　　與此同時，社會變遷導致的動盪和宋明以來經濟重心的東移南遷引發大量北人南遷以及閩粵移民的進入，給江西贛北、贛南地區帶來先進的生產技術和充足勞動力資源，極大補充了欠開發地區和因戰亂出現荒涼地區的勞動力空缺，又使得江西地區人口

基數大幅提升，給江西蒙上了一層人口壓力的陰影。隨著社會變遷的逐步演進，人地關係日漸趨於緊張，進而導致人們對高山大谷等山地地區的進一步開發，直至引發諸多的人口流動及相關社會問題，成為江西地區在這一相當長時間段內的一個重要社會特徵。

　　對於以上所述情形，前輩時賢已經給予了充分的關注，研究著作和論文已有了一定數量。[1]毫無疑問，較早系統研究江西社

1　許懷林對於江西社會經濟史傾注了大量心血，其關於宋明土地和人口方面成果亦頗豐，著有《試論宋代江西經濟文化的大發展》，《江西師範大學學報》1980 年第 4 期；《江西歷史人口狀況初探》，《江西社會科學》1984 年第 2 期；《宋元以前鄱陽湖地區經濟發展優勢的探討》，《江西師範大學學報（哲學社會科學版）》1986 年第 3 期；《江西歷史上經濟開發與生態環境的互動變遷》，《農業考古》2000 年第 3 期；《明清鄱陽湖區的圩堤圍墾事業》，《農業考古》1990 年第 1 期。在這些研究的基礎上，許先生還著有《江西史稿》（江西高校出版社，1993 年版）一書，影響相當之大，新近出版的《江西通史（北宋卷、南宋卷）》（江西人民出版社）亦對該書多有借鑒。較《江西通史》為早，陳榮華等：《江西經濟史》（江西人民出版社，2004 年版）可謂 21 世紀第一部江西經濟通史。另外，劉文傑的《宋代吉州經濟研究》（南昌大學碩士學位論文，2007 年），則以宋代吉州為個案研究物件，對宋代吉州土地墾闢與人口增長問題作了考察。明代江西的土地墾闢與山區開發方面，最早且系統研究的為曹樹基，其代表作有：《明清時期的流民和贛南山區的開發》，《中國農史》1985 年第 4 期；《明清時期的流民和贛北山區的開發》，《中國農史》1986 年第 2 期。而關於明代圩田的開發，除前引許懷林先生研究成果外，亦可參考陳東有、李少南：《明清時期鄱陽湖區的圩田開發與生態環境、洪澇災害之間的關係》，《江西社會科學》2007 年第 11 期。宋明人口自然增長與人口流動方面，最顯著的論著則有吳松弟：《中國人口史》第三卷《遼宋金元時期》及曹樹基等：《中國人口》第四卷《明時期》（均為葛劍雄主編，復旦大學出版社，2000 年版）；吳松弟：《中國移民史》第四卷《遼宋金元時

會經濟史的當屬許懷林先生，其所著《江西史稿》、《江西通史（北、南宋卷）》[2]對宋明江西地區社會經濟發展著墨頗多，特別是在宋至明江西的土地墾闢與人口增長問題上，作者亦作了較為細緻的闡述。另外，許先生的《試論宋代江西經濟文化的大發展》和《江西歷史人口狀況初探》二文[3]，分別討論了宋代江西所出現的經濟文化繁榮昌盛局面、農業經濟領域中農田的大量墾闢以及與江西歷史人口密切相關的人口的基本統計、人口增減、「人和地的關係」等問題，同樣可為我們認識宋明時期江西的土地墾闢和人口增長提供諸多參考。

如果說宋代江西地區土地墾闢的一個突出特徵是丘陵、低山地帶梯田的大量墾殖的話，那麼明代則是趨於向高山大谷縱深開發的時代。最早關注明代江西山區經濟發展、社會變遷與社會控制的當為傅衣淩先生。早在一九四七年，傅先生即著《明末清初

期》、曹樹基：《中國移民史》第五卷《明時期》（均為葛劍雄主編，福建人民出版社，1997 年版）中關於江西部分的論述。論文方面，有萬方珍、劉倫鑫：《客家入贛考》，《南昌大學學報（社會科學版）》1994 年第 1 期，《江西客家人入遷原由與分布》，《南昌大學學報（社會科學版）》1995 年第 2 期；饒偉新：《明代贛南的移民運動及其分布特徵》，《中國社會經濟史研究》2000 年第 3 期；《明代贛南族群關係與社會秩序的演變：以移民與流寇為中心》，廈門大學碩士學位論文1999 年，等等。

2 許懷林：《江西史稿》，江西高校出版社，1993 年版；《江西通史（北宋卷、南宋卷）》，江西人民出版社，2008、2009 年版。

3 許懷林：《試論宋代江西經濟文化的大發展》，《江西師範大學學報（哲學社會科學版）》1980 年第 4 期；《江西歷史人口狀況初探》，《江西社會科學》1984 年第 2 期。

閩贛毗鄰山區的社會經濟與佃農抗租風潮》一文[4]，圍繞福建、江西交界山區明清時期頻繁發生的農民抗租、暴動與社會經濟狀況進行了系統考察。後續有陳橋驛於一九八二年發表的《明清之際畲族對閩浙贛山區的開發及交往》一文，充分注意到了畲族在山區開發中包括糧食生產、經濟特產等諸多方面的巨大貢獻；[5]而徐曉望則從社會分工和山區商品經濟的發展入手，討論了山區商業性農業（種煙業、種杉業、種靛業、種苧業、種蔗業、種茶業）和山區鄉村手工業（造紙、製茶、冶鐵、製煙、榨油、伐木、印刷業）的發展，並從資本主義萌芽的意義上，探討了山區鄉村工業的歷史地位[6]。專門對江西境內山區進行探討的成果也不少，曹樹基對明清時期贛北、贛南的流民運動與兩地山地開發作了系統考察，在勾畫出贛北、贛南山區農業生產發展的基本輪廓的同時，力圖揭示該區域農業生產和經濟發展的歷史規律。[7]梁淼泰《明清時期浮梁的農林商品》一文，則從探討明清時期山區的經濟水準和山區城鄉經濟聯繫出發，得出封建山區的農村如

---

4 傅衣淩：《明末清初閩贛毗鄰山區的社會經濟與抗租風潮》，《明清社會經濟史論文集》，人民出版社，1982 年版。

5 陳橋驛：《明清之際畲族對閩浙贛山區的開發及交往》，《中央民族學院學報》1982 年第 2 期。

6 徐曉望：《明清閩浙贛邊區山區經濟發展的新趨勢》，載傅衣淩、楊國楨：《明清福建社會與鄉村經濟》，廈門大學出版社，1987 年版。

7 曹樹基：《明清時期的流民和贛北山區的開發》，《中國農史》1986 年第 2 期；另還可參見所著：《明清時期的流民和贛南山區的開發》，《中國農史》1985 年第 4 期。

果沒有較高的農業生產水準，城鎮手工業的發展又不促使其發生改觀，景德鎮的興起雖然能帶動農村輸出大量農林產品，卻不可能引起農村經濟發生質的變化的結論。[8]

　　某種程度上說，人口的增長和遷移，亦是土地墾闢的基本動力。宋明時代江西地區的土地墾闢，往往伴隨著迅猛的人口增長與頻繁的人口遷移。應該說，宋明時代江西地區社會變遷相當劇烈，具體到人口方面就是區域內部人口數量的急劇增長和本地及外來人口遷移的頻繁，這在吳松弟、曹樹基等人所著《中國人口史》、《中國移民史》相關卷冊關於江西部分的研究均已得到充分的體現。[9]特別是江西的人口流動，除《中國移民史》的相關論述外，萬芳珍、劉倫鑫又從「客家」角度討論江西的流民遷徙，在《客家入贛考》論述了客家入遷江西的特殊政治、經濟條件，考察了客家入遷江西各地的方式、經過及路線，詳實地展現了江西客家的源流。[10]作為該文的姐妹篇，《江西客家人入遷原由與分布》一文從明後期江西農村的經濟凋敝，明末清初戰事

8 梁淼泰：《明清時期浮梁的農林商品》，《中國社會經濟史研究》1988年第 1 期。

9 吳松弟：《中國人口史》第三卷《遼宋金元時期》及曹樹基：《中國人口史》第四卷《明時期》，均為葛劍雄主編，復旦大學出版社，2000年版；吳松弟：《中國移民史》第四卷《遼宋金元時期》、曹樹基：《中國移民史》第五卷《明時期》，均為葛劍雄主編，福建人民出版社，1997 年版。

10 萬芳珍、劉倫鑫：《客家入贛考》，《南昌大學學報（社會科學版）》1994 年第 1 期。

對閩粵贛三省的破壞，明中葉初露端倪、清中葉漸趨嚴峻的人口過剩，明清經濟中的資本主義萌芽對農業經濟作物種植的刺激等方面分析了導致明清時閩粵移民客家由南而北入贛的緣由，並以三表一圖具體分析了客家的原籍，統計了他們在各市縣的建村總數及人戶數，展示了他們在江西全省的分布大勢。[11]另外，方志遠、謝宏偉著《江西通史‧明代卷》亦是在借鑒《江西史稿》的基礎之上，結合他們各自多年來的研究成果所編著的眼下最為全面的一部明代江西歷史著作，它為我們認識明代社會經濟變遷，特別是在明代江西的土地開發與人口增長、人口流移方面都同樣提供了諸多便利。[12]

前面所述的這些論著，為我們認識宋明時期江西地區的開發歷史奠定了良好的研究基礎。本章即在前人研究的基礎之上，將研究線索適當拉長，綜合比較分析宋明兩代不同社會歷史背景下江西地區土地墾闢與人口增長的規模、演變歷程，進而理清宋明江西地區土地墾闢與人口增長的相互關係及其社會影響，以期加深我們對於傳統時期江西地區農業發展與社會變遷的認識和理解。

---

11 萬芳珍、劉倫鑫：《江西客家人入遷原由與分布》，《南昌大學學報（社會科學版）》1995 年第 2 期。

12 方志遠、謝宏偉：《江西通史‧明代卷》，江西人民出版社，2008 年版。

第一節 ▶ 宋代江西土地墾闢

一、地理與社會環境

　　根據虞文霞的研究[13]，唐末「安史之亂」之後，北方及他處移民的大量遷入，成為江西經濟文化發展的一大動力，在土地墾闢方面，作者舉例唐文宗大和年間（827），將「赤石、徐莊等洞賊」平定後，得水、陸田甚廣，其面積已達四百頃之多；[14]而「李兼貞元元年自鄂嶽移鎮江西，屬淮西，亂後編戶蕩析，兼至撫之，三年歸者，增籍五千人」[15]；另外，裴倩任信州刺史時，「復其庸亡五千家，闢其農耕二萬畝」[16]。虞氏認為，北方難民的大量南遷入贛，意味著大批人才和勞動力的到來，政府為了安頓移民，就必須墾荒闢田、興修水利，發展農業經濟；水利事業的發展，使江西的田地被大量開墾，或使舊的土壤被改造，從而使耕地面積大大增加。江西山地、丘陵面積居多，針對這一情況，當地農民開始「緣山開梯田，緣山導泉，使得山田悉墾」。朱得中有詩云：「水無涓滴不為用，山到崖嵬猶力耕」，生動地反映了梯田開墾的情形。據此虞氏以為，唐時江西地區土地資源的充分利用已初露端倪，這是江西農業生產力提高的重要表現。

---

13 虞文霞：《唐代江西農業經濟發展芻議》，《農業考古》2004 年第 1 期。

14 （宋）王欽若等：《冊府元龜》卷六九四《牧守部・武功》。

15 雍正《江西通志》卷五七《名宦》，《文淵閣四庫全書》本。

16 （宋）王象之：《輿地紀勝》卷二一《權載文集》。

唐末時期，從官府到民間，既十分注意荒蕪之耕地的墾闢，也十分注重對於山田的開發。如信州刺史裴倩即十分注意招撫流亡，並最終讓數千戶在信州定居，結果「闢田萬頃」；[17]僖宗末年，在鎮壓黃巢農民起義中受命鎮守饒州、信州的劉汾，寓避弋陽歸仁鄉，曾買田樂平縣歸桂鄉、豐樂鄉之間的山田八百餘畝，讓佃戶耕種，田租施給南山禪寺，其田就在「崇山峻嶺之間，人境寥絕」[18]之處。事實上，唐時江西地區的寺廟亦多有土地開墾行動，如據《疏白雲禪院記》記載：「至乾符歲屬庚子（乾符七年，880），（主持大師李氏）聞廬陵有山號『嚴田』，遂往開闢。時禪侶相依，乃告檀越李公曰：『眾既聚而山又薄，居必難乎。』」[19]雖然該寺開墾的嚴田山地肥力瘠薄且前往的僧侶眾多而不足供應整個寺院僧眾衣食，但這一史料至少告訴我們這樣一個事實：唐代江西地區的土地開闢，已經遠離那些平原地帶，而向崇山峻嶺上的田土挺進了。

　　黃玫茵對唐代江西地區開發作過較為系統的研究，其在評價江西農業開發水準時認為，時至唐代後期，在南方開發的過程中，江西地區在戶口、經濟、人文等方面均呈現高度的發展，其開發速度明顯地勝於其他地區，[20]所以才有白居易「江西七郡，

---

17 （明）陸應陽：《廣輿記》卷一二。

18 （唐）劉汾：《大赦庵記》，《全唐文》卷七九三。

19 澄玉：《疏山白雲禪院記》，《全唐文》卷九二〇。

20 黃玫茵：《唐代江西地區開發研究》，臺灣大學出版委員會，1996 年版，第 1 頁。

列邑數十，土沃人庶，今之奧區，財賦孔殷，國用所係」[21]的感歎；唐代江西地區大量土地的墾闢，實是唐代人口壓力下的產物，「人口壓力雖可以藉集約式經營增加糧食單位產量來緩和，根本解決之道仍需朝丘陵山區或河湖洲渚擴大耕地來因應」[22]。

種種跡象表明，適應北方大量人口南遷的大勢，唐代以來江西地區的土地墾闢即已達到較高水準，為宋代江西地區的開發打下了堅實的基礎。

宋代大量北方人口的遷入推動了江西地區的迅速開發，社會經濟取得長足發展，以致朝廷尤為倚重江南地方財富。特別是南宋遷都臨安（今杭州），江西成為臨近首都的重要腹地，江西地區無論從政治地位還是從經濟地位上看，都變得比之前更為重要。而出於維護封建統治和增加稅負收入的考慮，宋政府對於民眾的戶籍墾田極為關切，亦對江西地區土地墾闢具有巨大的推動作用。從宋初以來，中央便屢次下達了鼓勵民眾墾闢田地的詔令，茲舉例數條如下：

> （乾德）四年（966）閏八月詔：所在長吏，告諭百姓，有能廣植桑棗、開墾荒田者，並只納舊租，永不通檢。[23]

---

21 （唐）白居易：《除裴堪江西觀察使制》，《全唐文》卷六六一。

22 黃玫茵：《唐代江西地區開發研究》，臺灣大學出版委員會，1996 年版，第 114 頁。

23 （清）徐松：《宋會要輯稿》，第一百二十一冊，《食貨一》，第 4809 頁。

至道元年（995）六月詔：近年以來，天災相繼，民多轉徙……應諸州管內曠土，並許民請佃，便為永業，仍免三年租調，三年外輸稅十之三……十二月詔……如將來增添荒土，所納課稅，並依元額，更不增加。[24]

至道三年（997）七月詔：應天下荒田許人戶經管請射開耕，不計歲年，未議科稅，直俟人戶開耕事力勝任起稅，即於十分之內定二分，永遠為額。[25]

真宗咸平二年（999）二月詔曰：前許民戶請佃荒田……應從來無田稅者方許請射系官荒土及遠年落業荒田，候及五年，官中依前敕於十分內定稅二分，永遠為額。[26]

（宋仁宗）天聖初（1023），詔：民流積十年者，其田聽人耕，三年而後收賦，減舊額之半。後又詔：流民能自復者，賦亦如之。既而又與流民期，百司復業，蠲賦役五年，減舊賦十之八，期盡不至，聽他人得耕。[27]

著名宋史專家漆俠先生充分肯定了宋代政府鼓勵民眾墾辟田

24 （清）徐松：《宋會要輯稿》，第一百二十一冊，《食貨一》，第 4810 頁。

25 （清）徐松：《宋會要輯稿》，第一百二十一冊，《食貨一》，第 4810 頁。

26 （清）徐松：《宋會要輯稿》，第一百二十一冊，《食貨一》，第 4810 頁。

27 （元）馬端臨：《文獻通考》卷四《田賦考四·歷代田賦之制》，中華書局，1986 年版，第 57、58 頁。

土政令對於土地墾闢所起的積極作用，他在《宋代經濟史》中認為，「這些關於開荒的詔令，首先它表明了，不管什麼人，只要有能力開荒，並向國家納稅，就可以據有這片荒地的所有權，成為他的『永業』；如果按照墾荒的規定，執行輕賦的原則，荒田就能得到墾闢。而實際上，宋代墾田政策也確實起了這樣的作用」。在這樣的背景之下，「江南西路是宋代人口增加最快、墾田增加最多的地區」。[28]

根據目前掌握的史料來看，宋代江西地區的農業開發承繼了南唐原有的發展基礎和勁頭，依託有利的山川地理環境，在大量人口的湧入以及朝廷實行鼓勵民眾開墾荒地的一些積極政策的推動下，江西地區範圍內各種地理形勢的土地資源——包括平原耕地、山地丘陵梯田、濱湖濱河地區圩田等紛紛被墾闢出來，極大地推動了這一時期江西地區的糧食生產，促成宋代江西地區農業發展進入一個更高的階段。

二、宋代江西地區土地墾闢實況

宋代江西人口的激增以及政府「與民休息」與鼓勵農民墾荒政策的實施，促使民眾對於土地墾闢的積極性提高，極大地推動了這一時期江西地區平原、丘陵、山區和邊緣地區的土地墾闢，成為兩宋時期江西地區農業發展相當突出的一個方面。

---

[28] 漆俠：《宋代經濟史》（上冊），上海人民出版社，1987年版，第60-62頁。

1.宋代江西平原地帶的開發

一般說來，平原、盆地地帶一馬平川，土壤肥沃，通常較丘陵、山地更容易開墾；即使是遇到社會動盪而一度導致荒蕪，社會穩定之時也能最早引起官府和民眾的注意，使之得以重新墾闢。兩宋時期江西地區的農業經濟取得迅猛發展，一躍成為全國賦稅重地，這與江西地區廣大平原地帶土地墾闢與開發有著密切的聯繫。韓茂莉對宋代農業地理作過出色的研究，在其專著《宋代農業地理》一書中就曾專闢一節討論宋代江西平原地帶的開發與糧食外運問題。[29]通過韓氏的介紹，可以幫助我們加深對於宋代江西鄱陽湖平原以及贛、信、撫、修幾大河流域間平原地帶的土地墾闢與利用的認識。以下對於兩宋時期江西地區平原地帶的開發和土地墾闢的論述，即對韓著多有參考。

江西地區境內的鄱陽湖平原以及贛、信、撫、修四條大河流域間的部分平原地帶，不但地域面積廣闊，而且一般土壤肥沃，又有較為便利的水利資源，因而在宋代社會穩定之時很快便得到較好的開發，農業經濟發展取得較高水準。時人對此就多有樂道，據史料所載：洪州一帶的平原擁有優越的水利條件，旱澇無虞，因而成為江西主要的產糧區，曾鞏就曾誇耀道：「其境屬於荊、閩、南、粵，方數千里。其田宜粳稌，其賦粟輸於京師，為

---

29 韓茂莉：《宋代農業地理》，山西古籍出版社，1993年版，第126-130頁。

天下最。在江湖之間，東南一都會也。」[30]撫州則「於江西為富州，其田多上腴」[31]。饒州，宋太宗時知州範正辭稱「東南諸郡，饒實繁盛」[32]，據《方輿勝覽》亦載稱「地沃土平」[33]；元祐六年（1091）餘干縣進士都頡的《七談》曾對饒州風土人物作過詳細介紹，其在第二章即言饒州擁有「濱湖蒲魚之利，膏腴七萬頃，柔桑蠶繭之盛」[34]。經濟方面的繁榮，必然帶來當地文教的昌盛，又據宋人張世南介紹，饒州之「鄱陽為郡，文物之盛，甲於江東」[35]。建昌軍之地「地寬平陸……水土衍沃」[36]；特別是在南城縣，「吾邑（著名思想家李覯的家鄉）之在江表，亦繁巨矣。戶口櫛比，賦米之以斛入者，歲直數萬」[37]。袁州，景德年間知州楊侃認為：「（袁州）地接湖湘，俗雜吳楚，壤沃而利厚」[38]；在樂安、永豐分界的寶唐之地，「一高山入雲際，回環

30 （宋）曾鞏：《洪州東門記》，見《元豐類稿》卷一九《記》，《文淵閣四庫全書》本。

31 （宋）謝薖：《狄守祠堂記》，見《竹友集》卷八《古賦論辯序記》，《文淵閣四庫全書》本。

32 （元）脫脫等：《宋史》卷三百零四，列傳第六十三，《範正辭》。

33 （宋）祝穆：《方輿勝覽》卷一八《饒州》，《文淵閣四庫全書》本。

34 （宋）洪邁：《容齋隨筆》五筆卷六《鄱陽七談》，《文淵閣四庫全書》本。

35 （宋）張世南：《游宦紀聞》卷一，《文淵閣四庫全書》本。

36 （宋）祝穆：《方輿勝覽》卷二一《建昌軍》，《文淵閣四庫全書》本。

37 （宋）李覯：《盱江集》卷二七《上孫寺丞書》，《文淵閣四庫全書》本。

38 雍正《江西通志》卷二六，《風俗》，《文淵閣四庫全書》本。

嵢，其中良田廣袤，浮圖氏擇占勝處，亦有居民數十，畊鑿生聚」；而到了萍鄉縣，則出現「橋岸葺理，田萊墾闢，野無惰農，市無喧爭」的局面。[39]再看吉州，其在唐時就被譽為富裕之州，「青林霜日換楓葉，白水秋風吹稻花。釀酒烹雞留醉客，鳴機織苧遍山家」[40]，即是對當地農業生產進行田園詩式地描寫。以上這些地區土地所產甚豐，各地均堪稱富庶，其中又以洪州、撫州、吉州最為突出。

洪州位於鄱陽湖平原，鄱陽湖水利為這裡農業生產帶來了極大的便利，特別是在旱季，「山田水旱湖田熟」[41]，「旁州不熟我州熟」[42]，水利的優勢體現得相當充分。贛江是鄱陽湖水系中最長的一條河流，始終是興工整治的重點。南宋時期李燔主持整修了贛江大堤的工程，使堤外農田盡得水利，「田皆沃壤」[43]。

撫州臨撫水而設治，這裡土壤肥沃，又有「陂池川澤之利」[44]，「故水旱螟蜮之災少，其民樂于耕桑以自足」[45]，是江西有名的富州；王安石就曾說道：「撫之為州，山耕而水蒔，牧

39　（宋）魏泰：《東軒筆錄》卷一〇。

40　（宋）歐陽脩：《歐陽脩全集・居士集》卷一四《寄題沙溪寶錫院》。

41　（宋）趙蕃《淳熙集》卷一七《投王饒州日勤四首》。

42　（宋）張孝祥：《於湖集》卷二《鄱陽使君王龜齡閩雨再賦一首》，《文淵閣四庫全書》本。

43　（元）脫脫等：《宋史》卷四百三十，列傳第一百八十九，《李燔》。

44　（宋）謝薖：《狄守祠堂記》，見《竹友集》卷八《古賦論辯序記》，《文淵閣四庫全書》本。

45　（宋）王象之：《輿地紀勝》卷二九。

牛馬，用虎豹，為地千里，而民之男女以萬數者五六十，地大人眾如此。」**46**

　　吉州，位於贛江中游，「戶口繁衍，土沃多稼」**47**，當地「某所居里，幾千餘家，常年家中散米一日，不收錢；諸大家以次接續販糶，可及三十日。隔一日糶，可當兩月」**48**。宋代吉州所管轄廬陵、吉水、安福、太和、龍泉、永新、永豐、萬安八縣，還為朝廷和周邊地區提供了大量的糧食，據宋代農學家曾安止《禾譜·序》記載：

> 江南俗厚，以農為生。吉居其右，尤殷且勤。漕台歲貢百萬斛，調之吉者十常六七……春夏之間，淮甸荊湖，新陳不續，小民艱食，豪商巨賈，水浮陸驅，通此饒而阜彼乏者，不知其幾千萬億計。朽腐之逮，實半天下。**49**

　　此言不免有誇張之嫌，但曾安止生活在北宋中期，此時正是北宋社會經濟發展全盛時期，吉州位於著名產糧地區吉泰盆地，

46　（宋）王安石：《臨川文集》卷八三《撫州通判廳見山閣記》，《文淵閣四庫全書》本。

47　（宋）王象之：《輿地紀勝》卷二〇；以上多有參考韓茂莉：《宋代農業地理》，山西古籍出版社，1993 年版，第 126-128 頁。

48　（宋）文天祥：《文山先生全集》卷六《與知吉州提舉萬頃》，《文淵閣四庫全書》本。

49　（宋）曾安止：《禾譜·序》，引自曹樹基：《禾譜校釋》，《中國農史》1985 年第 3 期。

是江西主要的糧食生產基地，稱其糧食產量位居江西前列當應無問題。南宋初，李正民《吳運使啟》又載：「江西諸郡，昔號富饒，盧陵小邦，猶稱沃衍，一千里之壤地，粳稻連雲，四十萬之輸，將舳艫蔽水，朝廷倚為根本。」[50]另據《絜齋集》記載隆興元年（1163）進士趙善持通判吉州時所遇到的情形是：

> 嘗攝郡政，時方和糴，江西吉當十萬石。官吏白公：「本錢未降，而省符屢趣，計將安出？均之諸縣其可？」公曰：「今八縣之民輸米郡倉，斛計四十八萬，凡水腳等費，皆變米得錢，市商牟利，由是傷農，其可重擾乎？若使以米代錢，公私俱便。」行之不疑，民果樂從。比新太守至，糴已足矣，敏於集事類如此，諸司以課最，奏天子，始知器業不群，遂有彝陵之命。[51]

由此充分證明了吉州糧食充足。在生產技術沒有徹底變革的傳統時代，要生產如此多的糧食，沒有充分的耕地作保障很難想像，故而我們可以認為，宋代江西的富庶實際是以大量土地墾闢為基礎的。

由於江西平原地帶廣大而開發較快，人口密度相對全國其他

---

50 （宋）李正民：《大隱集》卷五《吳運使啟》，《文淵閣四庫全書》本。

51 （宋）袁燮：《絜齋集》卷一七《宣奉大夫趙公墓誌銘》，《文淵閣四庫全書》本。

地區較小，導致已經開發的諸多耕地又流於耕作粗放、疏於管理的桎梏。韓茂莉對此亦給予了充分地關注，她認為，大量糧食輸出，無疑是農業生產發展的標誌，但同時也與江西的人口密度有關。作者以《元豐九域志》記載的戶額來計算當時江西人口密度，統計江西人口密度最高的地方是臨江軍，為七十九點五二人/平方公里，其餘如洪州、撫州、吉州都在五十至六十人/平方公里之間，這樣的人口密度值比兩浙、江東、福建的平原地帶都低；由於江西人口密度不大，人均耕地也比其他地方高；據《文獻通考》所載耕地數的訂正，元豐間江西人均耕地在十點三畝以上，最後她得出的結論是，由於人口密度不大，江西的人地矛盾也不突出。[52]正因為人口壓力相對較弱，提高土地利用率的要求在江西一些地區顯得並不迫切，如南康軍一帶，「土風習俗大率懶惰，耕犁種蒔即不及時，耘耔培糞又不盡力，陂塘灌溉之利廢而不行，桑柘麻苧之功忽而不務」[53]；不僅南康軍如此，即使被稱為「於江西為富州」的撫州，其耕作方式在浙人眼中也是粗陋不堪。韓氏舉例如浙江籍的黃震曾就耕、肥、耘、水幾個方面指陳了撫州一帶農業生產的用力不精：

第一，耕：「浙間秋收後便耕田，春二月又再耕，曰耖田。撫州收稻了，田便荒版⋯⋯五月間方有人耕荒田，盡被荒草抽了地力」；

---

52 韓茂莉：《宋代農業地理》，山西古籍出版社，1993 年版，第 129 頁。
53 （宋）朱熹：《晦庵集》卷九九《勸農文》，《文淵閣四庫全書》本。

第二，肥：「浙間終年備辦糞土，春間夏間常常澆壅。撫州勤力者，斫得少些柴草在田，懶者全然不管」；

第三，耘：「浙間三遍耘田，次第轉摺，不曾停歇。撫州勤力者耘得一兩遍，懶者全不耘……田間野草反多於苗」；

第四，水：「浙間才無雨便車水，全家大小日夜不歇……（撫州）有水處亦不車，各人在門前閑坐，甚至到九井祈雨，行大溪邊，見溪水拍岸，岸上田皆枯坼裂，更無人車水」。[54]

但是，以上情形不應是普遍現象，且不可能維持太久，畢竟隨著江西地區人口的不斷增加，人們對於土地的需求日益更加迫切，精耕細作成為必然趨勢；特別地，隨著平原地帶耕地被耕墾殆盡，在人口壓力的推動下，諸多崗地、低山地、大小丘陵和濱湖灘地得以墾闢變成耕作區，出現「田盡而地，地盡而山，山鄉細民，必求墾佃，猶勝不稼」[55]的局面。隨即人們廣泛開展了「與山爭地」、「與水爭田」的擴大耕地面積活動。梯田、圩田等土地利用的新方式、新技術便在這樣的形勢下逐漸發展起來，山地、灘塗、水面等由此而得到了很好的利用。

2. 宋代江西梯田的墾闢與畬田的利用

從前面的論述我們知道，江西的山地和丘陵占全省總面積的百分之六十以上，宋時江西地區對丘陵、山地的利用，其主要形

---

54 （宋）黃震：《慈溪黃氏日抄》卷七八《咸淳八年春勸農文》。轉引自韓茂莉：《宋代農業地理》，山西古籍出版社，1993 年版，第 129、130 頁。

55 （元）王禎：《農書》卷一一《農器圖譜一》，《文淵閣四庫全書》本。

式為梯田。所謂梯田，即梯山為田之意，宋代的梯田，是依山的坡度築成梯階，每個梯階又用石砌成梯埂，包圍田土，所以具有良好的防止水土流失的作用。元代王禎《農書》對宋元時期梯田的定義、修築方法均作了詳細的介紹，節錄其文曰：

> 梯田，謂梯山為田也。夫山多地少之處，除磊石及峭壁例同不毛，其餘所在土山，下自橫麓，上至危巔，一體之間，裁作重磴，即可種藝。如土石相半，則必疊石相次，包土成田。又有山勢峻極，不可展足，播殖之際，人則傴僂，蟻沿而上，耬土而種，躡坎而耘。此山田不等，自下登陟，俱若梯磴，故總曰梯田。上有水源，則可種粳秫，如止陸種，亦宜粟麥。[56]

這種「可種粳秫」的梯田，是一種不但能保土且能保水的水準梯田，表明當時梯田的修築技術已有相當高的水準了；梯田的出現，使中國的山地得到了有效的利用（參見圖 2.1 所示）。[57]

---

56 （元）王禎：《農書》卷一一《農器圖譜一》，《文淵閣四庫全書》本。
57 中國農業博物館農史研究室編：《中國古代農業科技史圖說》，農業出版社，1989 年版，第 263 頁。

圖 2.1　宋代南方的梯田

圖片來源：據（元）王禎：《農書》，圖 5-12，《梯田》。

江西地區的梯田，最早見於文字記載的是在宋范成大所著《驂鸞錄》之中，其文稱：

> 十八日至袁州……聞仰山之勝久矣，去城雖遠，今日（二十三日）特往遊之。二十五里先至孚忠廟……出廟三十裡至仰山。緣山腹喬松之磴，甚危。嶺阪之上，皆禾田層層，而上至頂，名梯田。[58]

58　（宋）范成大：《驂鸞錄》，《文淵閣四庫全書》本。

許懷林曾對宋代江西梯田出現的時間序列作過考證，認為梯田之名雖始於范成大之《驂鸞錄》，但江西農民開墾梯田之事則遠早於此。根據許先生的研究[59]，紹興十六年（1146）任知袁州的張成已說：「江西良田多占山岡，上資水利以為灌溉，而罕作池塘以備旱暵，望令江西守令，俾務隙時勸督父老，相地之宜，講究池塘灌溉之利，以為耕種無窮之資」[60]；而王安石在《撫州通判廳見山閣記》中則說：「撫之為州，山耕而水蒔……為地千里，而民之男女以萬數者五六十，地大人眾如此」[61]。撫州依靠農民「山耕水蒔」，提供了五六十萬人的口糧（實際產量遠不只此），可以想見撫州的丘陵和山區開墾不少，據此可想見，梯田的開墾，至遲應是北宋前期就在江西各地出現，南宋時已遍及各地了。

　　根據現有的材料來看，兩宋江西的吉州、撫州、信州、江州、袁州等都有相當數量的梯田。

　　贛中的吉州是一個梯田修築較為典型的區域，泰和縣位元贛江中游沿岸，為吉泰盆地的中心部分，又西接井岡山區，有大片的高崗及山地；發展至北宋中後期，太和（今泰和縣）的耕種區

---

59 許懷林：《試論宋代江西經濟文化的大發展》，《江西師範大學學報（哲學社會科學版）》1980 年第 4 期。

60 （清）徐松：《宋會要輯稿》，第一百五十二冊，《食貨六一》，第 5928 頁。

61 （宋）王安石：《撫州通判廳見山閣記》，見《臨川文集》卷八九《記》，《文淵閣四庫全書》本。

域已經深入遠郊岩谷之中。太和縣在北宋中後期，「自邑以及郊，自郊以及野，巉崖重谷，昔人足跡所未嘗至者，今皆為膏腴之壤」**62**，從中我們可以清楚地看到太和縣山區被開墾的形勢。神宗元豐五年（1082），任太和縣令的黃庭堅下鄉走訪，到大蒙籠一地考察後，作詩《上大蒙籠》，其中「清風源裡有人家，牛羊在山亦桑麻」一句，表明深山已變成「膏腴」的農田，山坑之中已建有大小村莊而不再是「無人跡」的荒野了。**63**

至南宋時期，吉州之地墾種山田逐步上升：「嶺腳置錐留結屋，盡驅柿栗上山顛。沙鷗數個點山腰，一足如鉤一足翹。乃是山農墾斜崦，倚鋤無力政無聊。下山入屋上山鋤，圖得生涯總近居。」**64**許懷林對此評價道：「農舍和柿、栗等果木搬上山巔，圖的是耕種地與居住區的結合，山農為提高勞動工效，山村隨之增多，經濟開發區域必然跟著擴大開來。」接著許氏又從楊萬里憫農的思想出發，引出其詩句「大田耕盡卻耕山，黃牛從此何時閑」**65**，從一個側面說明了當時吉州山田墾闢之盛。

楊萬里一生熱愛農村，體恤農民，寫了不少反映農民生活的

---

62 （宋）曾安止《禾譜·序》，轉引自曹樹基：《禾譜校釋》，《中國農史》1985 年第 3 期。

63 （宋）黃庭堅撰、黃寶華選注：《黃庭堅選集》，上海古籍出版社，1991 年版；以上參見許懷林：《江西通史·北宋卷》，江西人民出版社，2008 年版，第 70 頁。

64 （宋）楊萬里：《誠齋集》卷三四《桑茶坑道中》，《文淵閣四庫》本。

65 （宋）楊萬里：《誠齋集》卷一二《觀小兒戲打春牛》。參見許懷林：《江西通史·南宋卷》，江西人民出版社，2009 年版，第 181 頁。

農事詩，描寫了真實的農村生活，展現了南宋的真實農事場景，而江西地區農事當中的耕作方式就是其中重要題材之一。[66]楊萬里於淳熙五年（1178）自臨安回江西，路經信州永豐縣的石磨嶺，看見從山下直達山頂的梯田，即賦詩曰：「翠帶千環束翠巒，青梯萬級搭青天。長淮見說田生棘，此地都將嶺作田」，題名曰「過石磨嶺，皆創為田，直至其頂」[67]，描繪了山嶺開墾為梯田的喜人場面；這在洪炎《曉發鵝湖》詩中亦可得到參證，其辭曰：「萬松參嶺路，千畦勸春耕」，表明信州地區的梯田達到相當的規模。在白沙（今南昌東北），楊萬里又對當地濱江、湖田地與山地作了描述：「田畝渾無尺寸強，真成水國更山鄉。夾江黃去堤堤粟，一望青來谷谷桑」；「絕憐山崦兩三家，不種香粳只種麻。耕遍沿堤鋤遍嶺，都來能得幾生涯？」[68]表明南宋贛北地方不僅濱江地帶得以較好的開發，山田同樣也得以利用，即使江水暴漲使濱江農田成水國，但依然可以「更山鄉」，山嶺之地得以較深程度的開發，「鋤遍嶺」即是山地改造田土的真實寫照。

除此而外，在江州，朱熹《戲贈勝私老友》詩曰：「乞得山

66 羅燕、徐小明：《憂農事稼穡、抒莊戶心聲——淺析楊萬里詩歌中的農事和民生》，《農業考古》2010 年第 1 期。

67 （宋）楊萬里：《誠齋集》卷一三《過石磨嶺，皆創為田，直至其頂》，《文淵閣四庫全書》本。

68 （宋）楊萬里：《誠齋集》卷二六《江西道院集‧過白沙竹枝歌》，《文淵閣四庫全書》本。

田三百畝，青燈徹夜課農書。」[69]撫州、建昌軍在旴江——撫河流域，丘陵山地的墾殖也比較普遍。如據曾鞏的祖父曾致堯介紹南唐末宋初的情形道：「旴江南北，地方千里，田如綺繡，樹如煙雲，原隰高下，稍涉腴美，則鮮有曠土。」[70]至北宋中後期，土地墾闢進一步拓展，南城縣麻姑山，農民將高山谷地開墾出來，變成了不愁水旱的良田，「水旱之所不能災」，「其獲之多，與他壤倍」，以致曾鞏留下了「上有錦繡百頃之平田，山中遺人耕紫煙」的美妙詩句。[71]

　　建炎、紹興間的戰亂，對江南各地的農業造成了極大破壞，江西亦多有受其影響。紹興二十九年（1159），江東、江西還有荒涼之處，如據《文獻通考》記載：「江東、西、二廣村疃之間，人戶凋疏，彌望皆黃茅白葦，民間膏腴之田耕布猶且不遍，豈有餘力可置官產？」[72]至孝宗以後，這種情況便有了極大的改觀。南宋金溪人陸九淵在《與章茂德·三》中把當時大江東西的田地與荊門軍一帶的田地作了比較，並指出：

---

69 （宋）朱熹：《晦庵集》卷七《戲贈勝私老者》，《文淵閣四庫》本。

70 （宋）曾致堯：《春日至雲莊記》，見正德《建昌府志》卷一二《秩官》。

71 （宋）曾鞏：《元豐類稿》卷四《麻姑山送南城尉羅君》，《文淵閣四庫全書》本。

72 （元）馬端臨：《文獻通考》卷七《田賦考·官田》，中華書局，1986年版，第81頁。

江東、西田土，較之此間，相去甚遠。江東、西無曠
土，此間曠土甚多。江東、西田分早晚，早田者種占早禾，
晚田種晚大禾，此間田不分早晚，但分水、陸。陸畝者，只
種麥、豆、麻、粟，或蒔蔬栽菜，不復種禾，水田乃種禾，
此間陸田，若在江東、西，十八九為早田矣。[73]

以上材料至少說明兩個方面的問題：其一，江南東西土地資
源開始得到充分利用，與南宋初年的狀況形成鮮明對比；其二，
江南利用的田土多為水稻田，分別種植早禾與晚大禾，如果以荊
門軍的陸田為標準，江東西有百分之八十至九十的陸田改為種植
水稻的水田，而在這些改造田中，梯田當佔有相當分量。

為了使開墾的農田能夠獲得豐收，使梯田改造成能夠種植水
稻的水田，修建和改善新開墾田地的灌溉設施成為必要。江西境
內的丘陵、山地上的梯田，多位於平地低丘陵之上，崇山峻嶺之
下，半山之中的梯田，則有蜿蜒而下的山溪灌溉，或者在適當位
置修築陂塘，故而梯田與平原地帶一樣均適宜種植水稻。如吉
州，地方官非常重視改善山地高田的灌溉條件，南宋慶元年間
（1195-1200），太和縣知縣卓洵曾「訪求水利，得小江一道，發
源武山，東行四十里……以合大江，其流低窪，田畝高迥，拮樨

---

73 （宋）陸九淵：《象山集》卷一六《與章德茂三》，《文淵閣四庫全書》
本。

難施，營創六閘，務瀦泄以救旱澇，共灌田一萬餘畝」[74]。

斯波義信《宋代江南經濟史研究》一書在討論江西農田水利狀況時，特別舉了袁州的農田水利設施與農業開發的例子。[75]斯波氏認為，袁州的作物環境，大體相當於以蔔凱（L.Buck）所說的「水稻茶區」，這一地區生存空間的擴大、改善，從根本上有賴於頗具蓄水性的水利田的造成。作者依據萬曆《袁州府志》卷四所引圖經列出了宋大中祥符四年（1011）袁州各縣陂塘工程以及溉田面積統計資料如表 2-1 所示：

表 2-1 宋大中祥符四年（1011）袁州各縣陂塘工程及溉田面積資料

	宜春	分宜	萍鄉	萬載	合計
陂	905	786	722	346	2759
塘	273	198	1147	76	1694
溉田面積（頃）	2467	538.62	1742.21	695	5442.83

資料來源：萬曆《袁州府志》卷四；引自（日）斯波義信：《宋代江南經濟史研究》，《前篇·五·局部地區事例》，江蘇人民出版社，2001 年版，第 434 頁。

袁州陂塘總數為 4453 處，斯波氏懷疑統計標準可能有問題，因為它與同時代的江西、安徽、浙江、福建相比，是分布密集特別高的事例；以宜春為例，全縣的 1178 所陂塘除灌溉面積

---

74 光緒《江西通志》卷六四《山川略·水利》。

75 （日）斯波義信：《宋代江南經濟史研究》，江蘇人民出版社，2001 年版，第 433-436 頁。

2467 頃田，平均每處溉田不過是 209 畝，每處陂塘灌溉壓力相當之小。為了便於比較，接著他又列舉《永樂大典》中徵引宋代佚志記載，列出了江西其他數縣的陂的資料：臨江軍清江縣有陂83、新喻縣 365、新淦縣 260，撫州臨川縣 102，贛州贛縣 277 處；但根據范成大對宜春縣境南部邊緣仰山梯田的描述：「嶺阪之上，皆禾田層層，而上至頂」，以及紹興十六年（1146）張成巳向高宗奏報：「江西良田多占山岡，上資水利以為灌溉，而罕作池塘以備旱暵，望令江西守令，俾務隙時勸督父老，相地之宜，講究池塘灌溉之利，以為耕種無窮之資」[76]的記載，斯波氏還是得出宋時江西一帶確實享有穩定的水利資源的認識，最後他評價道：「像袁州這樣的普及陂塘灌溉，當時恐已達到登峰造極的程度」[77]，表明江西地區的梯田的修築較為普遍，而且也很好地解決了灌溉問題。

值得注意的是，丘陵和山區的梯田，由於地勢較高，也有很多是旱地，它們適宜種麥與耐旱占城稻。粟麥是旱地作物，占城稻則「不擇地而生」，「耐水旱而成實早」，適宜於丘陵地和山區梯田的開墾種植，反過來，梯田的普遍開闢，又有助於這些作物的推廣。

乾道七年（1171），孝宗曾詔江東西、湖南北廣行種麥。真

76 （清）徐松：《宋會要輯稿》，第一百五十二冊，《食貨六一》，第 5928 頁。

77 （日）斯波義信：《宋代江南經濟史研究》，江蘇人民出版社，2001 年版，第 434、435 頁。

宗大中祥符五年（1012）推廣占城稻，「帝以江、淮、兩浙稍旱即水田不登，遣使就福建取占城稻三萬斛，分給三路為種，擇民田高仰者蒔之，蓋旱稻也。內出種法，命轉運使揭榜示民。後又種於玉宸殿，帝與近臣同觀；畢刈，又遣內侍持於朝堂示百官。稻比中國者穗長而無芒，粒差小，不擇地而生」[78]。曾雄生曾對宋代占城稻在江西地區的種植和分布作過專門的探討。[79]根據曾氏的研究，占城稻在北宋初年傳入江西以後，到南宋時已在各地普遍種植，其面積已占江西水稻種植面積的百分之七十還強，比周圍江、浙等地種植面積要廣；吳泳曾將吳中的作物與豫章作了比較，指出「吳中之民，開荒墾窪，種粳稻，又種菜、麥、麻、豆，耕為無廢圩，刈無遺隴。而豫章所種占米為多」[80]。曾雄生還舉例說道，據北宋吉州人曾安止在其《禾譜》中記載：「今西昌（泰和縣古稱）早種中有早占禾，晚種中有晚占禾，乃海南占城國所有，西昌傳之才四五十年」[81]，說明當時吉泰盆地已有占城稻栽培；至南宋初年，占城稻已經推廣到了贛北的洪州之地；又據南宋江南西路撫制置大使李綱上奏稱：「據洪州申……緣本

---

78 （元）脫脫等：《宋史》卷一百七十三，志第一百二十六，《食貨志上一·農田》。

79 曾雄生：《宋代江西水柑品種的變化──試論古城稻對江西稻作之影響》，《中國農史》1989 年第 3 期。

80 （宋）吳泳：《鶴林集》卷三九《隆興府勸農文》，《文淵閣四庫全書》本。

81 （宋）曾安止：《禾譜》，曹樹基：《禾譜校釋》，《中國農史》1985 年第 3 期。

州管下諸縣，民田多種早占，少種大禾……本司契勘：本州管下鄉民所種稻田，十分內七分，並是早占米，只有三二分布種大禾」[82]，表明此時基本上確定了占城稻在江西的分布格局。時至南宋末，占城稻在江州的種植已相當普遍，以致陳宓《與江州丁太監》中書曰：「昨日漕司又行下和糴萬石，此間土產皆占米，晚禾不多，船票聞辭此，恐不敢來。」[83]

與此同時，畬田這種較原始的土地利用方式，在宋時南方山區亦仍有存在。一般在貧瘠的山坡上，順坡放火燒山而畬種開成的田，就叫畬田。范成大說：「畬田，峽中刀耕火種之地也。春初斫山，眾木盡蹶。至當種時，伺有雨候，則前一夕火之，借其灰以糞。明日雨作，乘熱土下種，即苗盛倍收。無雨反是，山多磽确，地力薄則一再斫燒，始可藝。」[84]早在唐代，畬田便見諸於記載，如白居易詩《山鷓鴣》稱：「畬田有粟何不啄，石楠有枝何不棲」[85]；又如白居易詩《夜宿江浦，聞元八改官，因寄此什》稱：「若報生涯應笑殺，結茅栽芋種畬田」[86]。宋代江西地區亦偶見畬田的利用，如萍鄉，蔣之奇在《萍鄉即事》詩中對當

82 （宋）李綱：《梁溪全集》卷一○六《申省乞施行糴納晚米狀》，《文淵閣四庫全書》本。

83 （宋）陳宓：《龍圖陳公文集》卷二一《與江州丁大監》。

84 （宋）范成大：《石湖詩集》卷一六《勞畬耕並序》，《文淵閣四庫全書》本。

85 （唐）白居易：《山鷓鴣》，《全唐詩》卷四三五。

86 （唐）白居易：《夜宿江浦，聞元八改官，因寄此什》，《全唐詩》卷四三九。

地畲田即有所提及，其辭曰：「人家白雪中，鳥道青山裡。耕鋤竟畲田，漁樵喧會市」；阮閱的詩句亦云：「盤斜曲踏畲田去，霜下星稀霜月寒」**87**，表明與當地山區乾旱缺水的狀況相適宜，畲種仍是丘陵山區常見的耕作方式。

畲田這種耕作方式極度粗放，實際談不上施肥與灌溉，春天撒下種子，基本上不再去管，只等到秋季收穫，產量高低全憑天時，這樣種上二三年，也就無法再種，只有把它放棄，另開一地；在山坡上開田，天然植被越來越破壞，水土流失趨於嚴重，山田的開墾越趨向於不合理的方向發展，形成惡性循環，結果莊稼越種越高，地勢越來越陡，這種情況大約到了宋代就達到了較突出的地步。**88**但是畲田這種耕作方式對江西地區土地資源開發利用，促進山區經濟發展有著重要的意義。

3. 濱湖地區的圩田修築

圩田，又稱圍田、湖田，是中國古代勞動人民根據地勢低窪、湖泊星羅棋布的地形特徵，而將低窪處的土地、沼澤或湖泊築堤圍墾，創造出來的一種發展農業生產的有水利田（如圖 2.2 所示）。南宋人楊萬里說：「江東水鄉，堤河兩岸，而田其中，謂之圩。農家云：圩者，圍也。內以圍田，外以圍水。蓋河高而田反在水下，沿堤通斗門，每門疏港以溉田，故有豐年而無水

---

87 同治《萍鄉縣志》卷六《藝文志下·五言古》。

88 閻萬英、尹英華：《中國農業發展史》，天津科學技術出版社，1992 年版，第 249 頁。

患。」[89]不僅如此，楊萬里還曾對圩田的修築、種柳防護以及灌溉系統中調節水量的「斗門」以詩對其作了生動的描述：「圩田原是一平湖，憑仗兒郎築作圩。萬雉長城倩誰守，兩堤楊柳當防夫」；「河水還高港水低，千枝萬派曲穿畦。斗門一閉君休笑，要看水從人指揮」。[90]元代農學家王禎也指出：「圍田，築土作圍以繞田也。蓋江淮之間地多藪澤，或瀕水不時淹沒，妨於耕種。其有力之家，度視地形，築土作堤，環而不斷，內容頃畝千百，皆為稼地。後值諸將屯戍，因令兵眾分工起土，亦效此制，故官民異屬……雖有水旱，皆可救禦。」[91]

宋代是江南圩田開發的鼎盛階段，宋仁宗時范仲淹曾就發展農業問題指出：「江南應有圩田，每一圩方數十里如大城，中有河渠，外有門閘，旱則開閘拒江水之害，旱澇不及，為農美利。」[92]熙寧元年（1068）六月，宋神宗向諸大臣徵詢意見：「比歲所在陂塘堙沒，瀕江圩埠浸壞，沃壤不得耕，宜訪其可興者，勸民興之，具所增田畝稅賦以聞。」[93]在這樣的背景之下，長江中游出現了大量的垸田，而在江南地區，圩田則得到了大量發展。宋徽宗時期，圩田再一次得到了發展，尤以政和年間為

89　（宋）楊萬里：《誠齋集》卷三二《圩丁詞十解》，《文淵閣四庫》本。

90　（宋）楊萬里：《誠齋集》卷三二《圩丁詞十解》，《文淵閣四庫》本。

91　（元）王禎：《農書》卷一一《農器圖譜一》，《文淵閣四庫全書》本。

92　（宋）范仲淹：《範文正公集·奏議上》，《範文正公全集》，康熙丁亥蘇州歲寒堂刻本。

93　（元）脫脫等：《宋史》卷九十五，志第四十八，《河渠五》。

盛。[94]

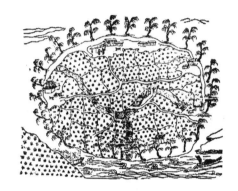

圖 2.2　圩田圖

圖片來源：（元）王禎：《農書》，圖 5-7，《圍田》。

從鄱陽湖區圩田開發史來看，北宋以前，鄱陽湖區只有少數
圩田，其開發部位多集中於城鎮附近，如東漢永元年間（89），
豫章郡太守張躬於南昌東湖築塘堤以通南路，兼遏塘水；隋大業
三年（607），鄱陽縣在距縣東北三里許的東湖建堤；宋時期，
湖區的圩田開始增多，其開發部位漸漸向下游延伸。[95]宋代圩田
主要分布在長江下游的沿江地區，具體到兩宋的江西地區，圩田
的主要分布區域則是瑞昌東北、九江東部、彭澤縣沿長江一

---

94 曹強：《宋代江南圩田研究》，安徽師範大學碩士學位論文，2005 年，
第 12 頁。

95 陳東有、李少南：《明清時期鄱陽湖區的圩田開發與生態環境、洪澇災
害之間的關係》，《江西社會科學》2007 年第 11 期。

帶。[96]據康熙《餘干縣志》記載，宋元祐四年（1089）築南塘圩（位於信江下游）「大圍盤，盤高且堅，相傳亦有二百年，包原絡野數十里，千家共種圍田中」[97]。

　　鄱陽湖平原地處長江與贛江——鄱陽湖水系中間，需要承受二者春夏之交巨大的洪澇威脅，洪水浩蕩，不認貧富，一旦大水沖來，誰都不能倖免，雖然有田產多寡的不同，圩區各戶，有得利大小程度的差別，即使是一村一姓修的圩堤，仍是社會性很強的集體勞作[98]。宋代的一般個體農戶更加傾向於墾殖成本更低的湖邊地帶以及向周遭的山地、丘陵開發梯田，故而在相當的一段歷史時期內，江西地區人民十分注重水利灌溉、堤防河工建設以及江湖邊地的開墾，但對於湖泊、河流灘地圩田的改造並未完全展開，且相對弱於江東地區。

　　江西地形以山地、丘陵居多，濱湖地區主要集中於贛北鄱陽湖平原地帶，今天所見的湖灘草洲，是在歷史上逐漸發展起來的，除地勢低平的自然條件之外，還有泥沙淤積的作用。許懷林指出，從江西土地開發的歷史過程來看，正是在宋代出現墾種「梯田」的高潮，到處「山耕水蒔」，使得當地耕地面積擴大的同時，又導致植被減少、水土流失，持續五六百年的流失和淤

---

96 曹強：《宋代江南圩田研究》，安徽師範大學碩士學位論文，2005 年，第 14 頁。

97 康熙《餘干縣志》卷一二《紀載記》。

98 許懷林：《明清鄱陽湖區的圩堤圍墾事業》，《農業考古》1990 年第 1 期。

積，便形成了湖區的大片草洲，為圍墾提供了自然基礎。[99]在這樣的背景之下，江西地區呈現「在兩宋多梯田，到明清則多圩田」的土地開發格局。

三、宋代江西土地開發的社會效果

唐宋以前，在長達數千年的歷史中，江西的沿江和濱湖平原地帶首先得到了開發；自唐宋以後，經濟重心南移，人口增殖，使得原有的耕地已無法適應人口增長的需要，大規模的土地開墾勢在必行，於是在江西率先出現了「田盡而地，地盡而山」的局面。[100]在這樣的社會背景之下，宋代江西地區廣大平原地帶、丘陵、山地和湖區堤地等均得以墾闢，促使耕地面積迅猛增加。

北宋江南西路的墾田數居全國第二位，僅次於淮南路，在南方諸路之中則居首位。《文獻通考》對宋神宗元豐間（1078-1085）南方各路墾田的官方記載數分別為：江南西路 45046689 畝、江南東路 42160447 畝、兩浙路 36247756 畝、荊湖南路 32426796 畝、荊湖北路 25898129 畝、福建路 11091453 畝。[101]江南西、東二路的墾田數字在各路墾田數中處於絕對優勢，均超

---

99 許懷林：《明清鄱陽湖區的圩堤圍墾事業》，《農業考古》1990 年第 1 期。

100 曾雄生：《宋代江西水柑品種的變化——試論古城稻對江西稻作之影響》，《中國農史》1989 年第 3 期。

101 （元）馬端臨：《文獻通考》，《田賦考四·歷代田賦之制》，中華書局，1986 年版，第 60 頁。

過四十萬頃。江南西路墾田數字雖然應考慮包含有興國一軍在內，但如從江南東路抽出江州、信州、饒州以及南康軍、婺源縣予以替換的話，可以反映當時江西地區土地墾闢的一般狀況。

宋代江西地區生產領域中充分顯示了「盆地經濟」特色及其明顯優勢，由大大小小的盆地發育而成的農耕文明基地，在建炎、紹興年間遭受兵災的慘重破壞，卻憑藉勞動力優勢和優良的自然生態環境，農村迅速復蘇，丘陵山區的盆地得以普遍開發，梯田面積增加，以稻米為主幹的糧食產量增多，甚至出現「梯田米賤如黃埃」的景象。[102]

土地資源的充分利用，極大促進了江西地區的糧食生產。宋代江西地區是中國重要糧食生產基地，亦是輸往京師的東南漕糧的主要承擔地區之一，除太湖平原之外，唯數江西所出漕糧最多，此有宋代沈括《夢溪筆談》記載為據：

> 發運司歲貢京師米，以六百萬石為額。淮南一百三十萬石，江南東路九十九萬一千一百石，江南西路一百二十萬八千九百石，荊湖南路六十五萬石，荊湖北路三十五萬石，兩浙路一百五十萬石。[103]

102 許懷林：《江西通史・南宋卷》，《前言》，江西人民出版社，2009 年版，第 2 頁。

103 （宋）沈括：《夢溪筆談》卷一二《官政二》，嶽麓書社，2002 年版，第 95 頁。

宋朝每年從東南各地徵收漕糧定額是六百萬石，而江南西路每年的漕糧額卻在一百二十多萬石以上。南宋吳曾《能改齋漫錄》記載的數量更多，其文稱：

> 本朝東南歲槽米六百萬石，江西屬三分之一，天下漕米取于東南，東南至米多取於江西，是宋代江西漕運，蓋二百萬石也。[104]

南宋偏安臨安，江西地區成為南宋首都周邊的核心統治區之一，洪、饒、吉、撫等十三州的財富，更是極大支撐著首都臨安，每年從江西漕運的糧食明顯增多，江西所需承擔的漕米一下增加了八十萬石，為兩百萬石，占到東南地區所有賦米的三分之一強。

不僅如此，兩宋時期江西的糧米還常運羅江東，以補江東糧食不足[105]，成為東南區內除太湖平原外的主要糧食輸出區之一。[106]蘇軾於熙寧八年（1075）上奏所言：「兩浙饑饉，朝旨截撥江西及本路上供斛斗一百二十五萬石，賜本路賑濟」[107]；而

---

104 （宋）吳曾：《能改齋漫錄》卷一三《唐宋運漕米數》，上海古籍出版社，1979 年版。

105 （宋）朱熹：《朱文公文集》卷八八《劉公神道碑》。

106 韓茂莉：《宋代農業地理》，山西古籍出版社，1993 年版，第 129 頁。

107 （宋）蘇軾：《東坡全集》卷五八《相度準備賑濟第一狀》，《文淵閣四庫全書》本。

據羅願《新安志》卷一《風俗》所載：「祁門水入於鄱，民以茗、漆、紙、木行江西，仰其米自給」[108]，表明江西地區糧食生產在宋代已達到相當高的水準。

應當說，人是社會生產力中最活躍的決定性因素，人口的增加意味著勞動力的增加，意味著社會生產力的提高和經濟的發展。宋時江西地區土地墾闢面積的迅速擴大，除了江西地區當地人口迅速增加的推動外，還得益於北方人口的大量南遷。舉例如宋熙寧間的劉煥，曾為潁上令，即以「仕既不合，退處廬山之陽。初無一畝之宅，一犁之田，而凝之囂囂然樂若有餘者，豈獨凝之能以義自勝哉……凝之晚有宅於彭蠡之上，有田於西澗之濱」[109]；而豫章分寧人張天成，「其先青州人……先父在季承慶之後，累世家肥，繼裔繁盛。先父析居，十得其一，於是家漸陵替，為先所憂……迄於壯年，奮然自立，夙夜構基，勞苦不憚，思紹廣業。不數十年，頃畝日增，倉箱有積」[110]；再如吉州的李氏，即在南宋政府招撫流民的政策下從山東遷入吉州並開墾了大量土地，據史料所載：「其先魯人，宋靖康、建炎間，避金難轉徙而南，顛頓十數年，始履吉之境，當時閔恤流民，令所在郡縣安養，李氏自出力闢土，得田四百畝，請於官，官畀之為世

---

108 （宋）羅願：《新安志》卷一《風俗》，《文淵閣四庫全書》本。

109 陳柏泉：《江西出土墓誌選編》，江西教育出版社，1991 年版，第 34 頁。

110 陳柏泉：《江西出土墓誌選編》，江西教育出版社，1991 年版，第 71 頁。

業」[111]。

宋代由於江西地區當地人口長期在本地居住，使得那些較好和較易開發的平原地帶、山谷盆地得以較早開發，而對於湖濱邊地和丘陵、山地以及無主荒地，一般相對開發較晚或尚待開發，這就為後來遷入特別是靖康南渡後的北方移民留下了較大的空間，吸引了諸多外來人口的進入。大量北方人口紛紛進入山區、丘陵地帶墾荒種地，反過來增加了當地的人口基數，改變了江西地區的人口結構，又使得大量梯田得以墾闢出來，促進了農業生產的蓬勃發展。應當說，以上所述江西地區土地墾闢等諸多實績，正是在這種社會變遷的動力機制的催化下才得以實現；宋代江西地區土地墾闢的過程，某種程度上就是江西地區不斷開發的過程，亦是兩宋時期江西地區社會變遷過程的一個縮影。

第二節 ▶ 明代山地的開發

一、區域背景與山區開發概況

明代的江西地區，大抵相當於今日江西省行政區的區域範圍。歷元至明，江西地區的行政統轄關係無論是在縱向的層級關係，還是在橫向的統轄範圍方面，均與宋代有著較大的差異。元

111　（元）吳澄：《吳文正集》卷六三《題李氏世業田碑後》，《文淵閣四庫全書》本。

代劃全國為十二個一級行政區，除吐蕃之地和中書省直轄的山東西、河北以及其腹裡地方外，其餘十個為行省，江西行省就是其中之一。相當長一段時間以來，江西行省領南宋時期的江南西路以及廣東大部分地區，江西行省是「江西等處行中書省」的簡稱，通常稱為「江西省」。至正二十一年（1361），江南行省饒州府和廣信府入江西行省，轄境擴大。[112]行省以下，通常分為路、府、州、縣四等，路一般領有州、縣，府或隸於路，或直隸於行省，下領州、縣，或直領縣，州亦或隸于路，或隸於行省，有些領縣，有些則沒有屬縣。[113]

元代的這種地方區劃層級關係深刻地影響了明代江西地區區劃設置，明代地方行政區劃實行府（州）、（州）縣兩級制，根據《明史》相關記載，明洪武二年（1369）分立廣東等處行中書省，使江西行省轄區大大縮小[114]，洪武九年（1376）江西行省改為江西承宣布政使司，治南昌府（即今江西南昌市），領南昌、瑞州、九江、南康、饒州、廣信、建昌、撫州、吉安、臨江、袁州、贛州、南安十三府。[115]十三府是宋代十三州軍、元代十三路的改名。在這些府以下，共設有一州（寧州，洪武初為寧縣，弘治十六年升縣為州，上屬於南昌府）、六十九縣，後增

---

112 （清）張廷玉等：《明史》卷四十三，志第一十九，《地理四・江西》。

113 吳小紅：《江西通史・元代卷》，江西人民出版社，2008 年版，第10、11頁。

114 （清）張廷玉等：《明史》卷四十五，志第二十一，《地理志・廣東》。

115 （清）張廷玉等：《明史》卷四十三，志第一十九，《地理四・江西》。

設八縣，分別為正德三年（1508）置安義縣，正德七年（1512）置萬年、東鄉縣，正德十四年（1519）置崇義縣，嘉靖五年置峽江縣，嘉靖三十九年（1560）置興安縣，隆慶三年（1569）置定南縣，萬曆四年（1576）置長寧縣，即今尋烏縣，萬曆六年（1578）置瀘溪縣等，合計為七十八州縣。明嘉靖四十一年（1562），廣東潮州府平遠縣一度因政治需要來屬，但次年又還屬於廣東潮州府。[116]通觀明代後期江西行政區劃範圍，除開婺源縣外，大致北起九江，南至安遠，東起玉山，西至永寧，結束了宋元時期贛東北分隸江東、江浙的歷史，形成一個獨立的行政單元。

---

116 （清）張廷玉等：《明史》卷四十五，志第一十九，《地理六·潮州府》。

圖 2.3　明代江西政區

　　圖片來源：參照譚其驤主編：《中國歷史地圖集》第 7 冊《元明時期》，中國地圖出版社，1982 年版，第 64、65 頁手繪，比例尺為二百四十五萬分之一。

　　江西東、南、西三面皆為山地丘陵環繞，只有北面為鄱陽湖平原，宋代贛西北開墾的山地已有一定規模，贛東北的低崗埠也得到了墾闢，但大部分山區，尤其是贛南山區，基本上還是山荒人稀狀態。兩宋時期，贛南地區在文獻中的曝光率才逐漸增加，但在時人的心目中，雖然贛南的經濟地理位置十分重要，卻依然是如同化外之地。早在北宋，贛南留給世人的印象即有：「虔州江南地最曠，大山長谷，荒翳險阻，交廣閩越，銅鹽之販道所出入。椎埋盜奪，鼓鑄之奸，視天下為多」[117]；文天祥對虔州的描述為：「贛地大而俗囂，山寬而田狹，俗囂故易以譟，田狹故易以饑」[118]；南宋時人亦稱贛南、吉安等地：「其南則贛、吉、南安，林峒邃密，跨越三路，奸人亡命之所出沒」[119]。

　　明清時期，特別是明中期至清初，江西各地山區最大的變化就是各地移民往來於其間，帶動了山區開發、人口增長，乃至生態環境惡化與人口流動等變遷。

　　張芳在討論這一時期南方山區的墾殖問題時，曾對江西山區的開發概況作過細緻地闡述。[120]她指出，明代中葉後，山區盆

117　（宋）王安石：《臨川文集》卷八二《虔州學記》，《文淵閣四庫全書》本。

118　（宋）文天祥：《重修嘉濟廟記》，見嘉靖《贛州府志》卷一一《藝文》。

119　（宋）真德秀：《西山文集》卷九《江西奏便民五事狀》，《文淵閣四庫全書》本。

120　張芳：《明清時期南方山區的墾殖及其影響》，《古今農業》1995 年第4期。

地（如吉泰盆地）的開發達一定程度，出現了「土瘠民稠，所資身多業鄰郡」[121]的現象，平原地區的農民於是多逃到「官府平日不到，法度有所不加」的鄰近山區；成化年間，已有一些贛中貧民進入贛南地區，作者引《皇明條法事類纂》，下冊，附編，《禁約江西大戶逼迫故縱佃僕為盜其窩盜三名以上充軍例》所記成化二十二年（1486）鎮守江西御馬監太監鄧原所題：「南、贛二府地方，地廣山深，居民頗少，有等富豪大戶不守本分，吞併小民田地，四散置為莊所。鄰近小民畏避差徭，攜家逃來，投為佃戶，或收充家人」[122]；以及《明穆宗實錄》卷二十六所載：「江西萬洋山跨連湖廣、福建、廣東之地，舊稱盜藪，而各省商民亦嘗流聚其間，以種藍為業」[123]為證，點明明代閩粵湘贛交界之贛南山區，亦已有了一定程度的開發。

在贛西北的袁州、瑞州一帶，明嘉靖年間，「居民因土曠人稀，招入閩省不逞之徒，賃山種麻，蔓延至數十餘萬」[124]，墾山流民達數十萬，規模可謂不小；贛東北銅塘山明朝前期亦有流民進入，但因該地地勢險峻，明政府認為是容易「藏奸」之地，正統五年（1440）把銅塘山周圍三百里列為禁山，北面的懷玉山

121 光緒《泰和縣志》卷二《風俗》；光緒《吉水縣志》卷九《風俗》。

122 （明）戴金編：《皇明條法事類纂》下冊附編《禁約江西大戶逼迫故縱佃僕為盜其窩盜三名以上充軍例》，古典研究會，1966 年版，第719 頁。

123 《明穆宗實錄》卷二六，「隆慶二年十一月乙卯」條。

124 道光《宜春縣志》卷一四，《武事》。

也被封禁，但周圍山區如東鄉、萬年、興安、瀘溪等地因有貧民進入開發，成了「禾稻竹木生殖頗藩」[125]的地區，這些縣亦因此而增置。[126]

事實上，明代江西山區開發與經濟發展進程，包括人口的遷移和數量的變化、經濟作物的普遍種植以及商品經濟的發展、手工業的進步、政府行政轄區的調整等，它們之間相互盤根錯節、環環相扣，深刻地影響著明清江西農業開發、商品市場與社會結構格局的形成。本節即對明代江西境內贛北、贛南山區的開發作一申論，以期加深我們對於明代江西山區開發與土地利用、農業發展以及與社會變遷的關係方面的瞭解。

二、明代贛北山區的開發

贛北山區位於江西省的北部，包括贛西北山區和贛東北山區兩個部分。贛西北山區由聳峙于湘贛、鄂贛邊界的幕阜山和與之平行的九嶺山以及武功山山脈組成，山地面積廣大，山體雄偉，海拔多在千米以上。山脈之間分布著一些山間谷地，是本區重要的農耕所在地。贛東北山區則由黃山支脈、懷玉和武夷山組成，黃山支脈從安徽境內透迤而來，懷玉山由浙贛邊境伸延至該區中部，武夷山沿閩贛邊界蜿蜒，山體均呈東北──西南走向，自北

---

125 （明）周用：《乞專官分守地方疏》，見雍正《江西通志》卷一一七《藝文》，《文淵閣四庫全書》本。

126 張芳：《明清時期南方山區的墾殖及其影響》，《古今農業》1995 年第 4 期。

而南作有規律的排列，平均海拔在五百米左右，個別山峰在千米左右，山脈之間分布有寬闊的向斜谷地，是本區農耕的發達區域。這兩大山區包括或涉及江西省的二十多個縣市，是明清時期贛北流民活動的主要場所。[127]曹樹基《明清時期的流民和贛北山區的開發》對明清贛北山區的開發作了細緻的考察，本節對贛北地區的闡述，除特別注明出處外，均多有參考曹樹基該研究成果。

　　贛西北諸縣地形多樣、氣候條件差異大，袁州四縣（萍鄉、宜春、分宜、萬載）和新喻為其南部，南部的沿河谷丘陵區，地勢較平坦，氣候溫和，耕地集中，人口亦相對密集，其生產水準與相鄰的鄱陽湖平原地區相當。南端武功山區，也是農耕的發達地帶，如前節所述，早在宋代該區的山地就已得到了相當程度的開發；該區的西部及北部丘陵山區，受到乾旱缺水等因素的影響，該區在宋代以畬田這種較原始的耕作方式為主，農業生產粗放，水準較低；而贛西北的東部、北部山區，在宋代並沒有得到很好地開發，根據曹樹基的研究，宋元時期該區人煙稀少，而山地尤甚，不少山地甚至無人居住，還是一種較原始的自然景觀，農業落後或尚未發生，所以不能根據其南部部分地區的農耕水準，對整個贛西北乃至全省山區的農業生產作出過高的評價。

　　贛東北河谷平原以及低丘崗埠地帶在宋代已得到相當程度的

---

127 曹樹基：《明清時期的流民和贛北山區的開發》，《中國農史》1986 年第 2 期。

開發，沿河低丘地區，梯田開發相當普遍。這裡人口密集，土地常有不足之虞，故不得不趨向於山崗低丘墾闢田地。懷玉山和武夷山地，人口卻相當稀少，根據曹樹基的研究，明以前所建村莊極為罕見，此帶山區農業墾殖幾乎沒有發生，明代被列為封禁山；只有弋陽、貴溪一帶山區，明代以前土地墾殖已有一定的規模，山區人口始見增多，山地、丘陵地帶建村亦有相當數量，這種情況在鉛山則幾乎沒有發生。

明清時期，閩粵流民掀起了遷移入贛的高潮。與贛南山區的流民運動緊密聯繫，贛北山區明中後期始同樣接收了大量來自閩南、粵東籍「客家」的移民群體。這些移民向毗鄰的贛南山區流動，特別是明後期，流民運動已然推進到整個贛南山區，導致數十萬的流民越過贛南，進入湘贛交界的贛西北山區。

大約從明朝嘉靖年間始，生活於閩、粵、贛地區被稱作「棚民」的客家人開始向贛西北湘鄂贛山地丘陵地帶遷徙；與贛南毗連的部分福建、廣東客家人，因其所在地山多地少又瘠磽，生活維艱，加上戰亂等原因，從元末明初開始，多數是明朝嘉靖年間以後，顛沛流離，先後跋涉到江西地廣人稀的山區從事種植勞作。他們開始是流入贛南的石城、瑞金、于都、尋烏、會昌一帶，以後逐步西移、北上，成一條弧線，由贛南的上猶北上到贛西、贛西北的吉安、安福、蓮花、萍鄉、宜春、萬載、宜豐、銅鼓、奉新、靖安、修水和湖南的醴陵、瀏陽等縣。[128]

---

128 李木子：《明末清初贛西北「棚民」問題研究》，《宜春學院學報（社會科學版）》2005 年第 5 期。

袁州府位於江西西部邊緣羅霄山脈之北端，西面與湖南接壤，境內地勢以丘陵（海拔 100-500 米）為主，占全境面積的六成；明初時，袁州府和南部四府的耕地率（總面積登記的農田比率）只有北部八府的約三分之一，顯示其農業土地開發程度較低，故此，相對於北部和中部核心地區，袁州府是江西其中一個農業發展較為後進的邊緣地區。[129]萬曆以後，當地已是「惟是壤瘠賦重，民罔堪命，往往窮逼流徙，至於田之蕪者半，室之虛無人者亦半，則有望之而令人目蒿者」[130]，於是，大批流民得以率先進入這一地區，經過一定時間的積澱，成為贛西北山區外來移民的聚集地。根據曹樹基的研究，明代贛西北山區的流民運動主要發生在南部諸縣，而最先進入袁州諸縣的是鄰近縣屬以及贛北平原區的佃農，亦有閩楚之人雜入。作者引韋明傑《籲田四議》對萬載的描述：「本縣佃民多係撫瑞等府、寧州、上高、新昌等州縣，雜以閩楚，易來易去，牛租兩無所恃，與他邑土著自耕者異」[131]；以及道光《宜春縣志・田賦》的記載：「（棚民於萬曆末始至宜），初寥寥散處，冬歸春集，迄崇禎實繁有徒，群

---

129 鄭銳達：《移民、戶籍、宗族──清代至民國期間江西袁州府地區研究》，三聯書店，2009 年版，第 9 頁。

130 乾隆《袁州府志》卷首，《原序》。

131 （明）韋明傑：《籲天四議》，見康熙《萬載縣志》卷一六《雜著》。

萃蓬處，形連勢貫，接藪他治，依倚為奸」[132]，指出明代閩、楚流民數量迅速增加，福建移民在袁州各縣有了廣泛的分布，至崇禎時，閩省流民人數即達數十萬人之多。

鄭銳達利用袁州府地方志《昭萍志略》內之《氏族志》一門的資料，對明清袁州府外來移民進入情況作了整理、統計，節錄明代資料如表 2-2 所示[133]：

表 2-2　明代進入萍鄉的「氏族」數目

時期	氏族數目	百分比（%）	平均每十年進入氏族之數目
明初期（1368-1398）	32	5.5	10.3
明中期（1436-1566）	19	3.2	1.5
明萬曆時期（1573-1620）	22	3.7	4.6
明末期（1621-1644）	13	2.2	5.4
只載「明代」	21	3.6	—
只載「明初」	11	1.9	—

---

132 道光《宜春縣志》卷一〇《田賦》；鄭銳達認為：「此資料亦顯示『棚民』（即流民）初期只在袁州府作季節性停留，後來才長久定居，一些族譜的記載亦說明這點，如《萍鄉廷風鄉棚下鄭氏族譜》載：『吾祖國龍公於萬曆時自龍岩與陳、張二姓入萍，初住茅棚，每歲臘閉戶回閩。』」（《江西通志稿》冊 38《江西棚民始末》，第 175 頁），參見所著：《移民、戶籍、宗族——清代至民國期間江西袁州府地區研究》，三聯書店，2009 年版，第 22 頁注釋 1。

133 鄭銳達：《移民、戶籍、宗族——清代至民國期間江西袁州府地區研究》，三聯書店，2009 年版，第 20、21 頁。

續上表

時期	氏族數目	百分比（%）	平均每十年進入氏族之數目
只載「明末」或「明末清初」	45	7.7	—
明代總計	163	27.8	11.7

資料來源：（民國）《昭萍志略》卷三、四《氏族志》；鄭銳達：《移民、戶籍、宗族──清代至民國期間江西袁州府地區研究》第2章《袁州府外來移民之特點及移民進入時之社會背景》，表 2.1「各朝代進入萍鄉的『氏族』數目」、表 2.2「明清兩代不同時期進入萍鄉的『氏族』數目」，三聯書店，2009 年版，第 20、21 頁。

說明：明代進入萍鄉的「氏族」，其到萍時間多以皇帝年號標示，但一些「氏族」的到萍時期則頗為含糊，包括明代、明初、明末清初等，為了簡括明代「氏族」入萍的時間序列，上表將一些以皇帝年號標明「到萍時間」的「氏族」分成幾個時期，而一些「到萍時間」較為含糊的「氏族」則分開計算。

據表 2-2 的統計資料，鄭銳達分析道：「明初期的洪武年間（1368-1398）是一個『氏族』進入萍鄉的高峰時期，但洪武以後的整個十五世紀中，人口流進比率相對較少，從一三九九年至一四六四年都沒有『氏族』進入的記錄；自萬曆年間（1573-1620）開始，『氏族』進入的數目又開始增加，明末天啟（1621-1627）及崇禎（1628-1644）年間繼續這一上升趨勢」。明萬曆年間開始至清代前期是萍鄉的一個大規模移民進入時期，如果把萍鄉《氏族志》中其他宣稱是「明末」、「清初」或「明末清初」進入萍

鄉的「氏族」都計算在內的話，這種趨勢則更為明顯。**134**

事實情況確實如此，據上引道光《宜春縣志・田賦》的記載：「（棚民於萬曆末始至宜），初寥寥散處，冬歸春集，迄崇禎實繁有徒，群萃蓬處，形連勢貫，接藪他治，依倚為奸」；同治《萬載縣志》所記：「（當地）向無棚民，自萬曆間，閩廣流民來萬僑居，耕種為業，迨天啟、崇禎時，乃有久居於萬者」**135**；再如《萍鄉文物》所稱：「閩粵山多田少，……人民生計艱難，……在明末清初，即有向贛江以西、湘東以東移民之事實」等諸多史實材料；**136**均說明了這一點。康熙《宜春縣志》、《武事・驅除棚寇功德碑》中又說道：

> 袁州東西接壤，為吳楚咽喉重地，百年以前，居民土曠人稀，招入閩省諸不逞之徒，賃山種麻，蔓延至數十萬，盤踞深谷……且戒後之紳士居民，世世子孫，毋蹈前愆，招之復入。**137**

以上材料至少證明了兩個方面的事實：第一，明末清初，袁

---

134 鄭銳達：《移民、戶籍、宗族──清代至民國期間江西袁州府地區研究》，三聯書店，2009 年版，第 21 頁。

135 同治《萬載縣志》卷七《學校》。

136 李木子：《明末清初贛西北「棚民」問題研究》，《宜春學院學報》2005 年第 5 期。

137 康熙《宜春縣志》，《武事・驅除棚寇功德碑》。

州之地吸收了大量來自閩省的移民，其人數不可謂不多，規模不可謂不大；第二，閩省移民以「棚民」的身份在贛西北山區的袁州之地，進行了大量的山區土地墾殖活動，或者以「耕種為業」，或者「賃山種麻」，極大地推動了江西地區山區經濟作物的種植。誠如乾隆《袁州府志》所載：

> 袁郡多曠土，嗣生齒漸繁，墾土日廣，要止耕平地。自閩人至，男女並耕高崗峭壁，視土所宜，漆、麻、薑、芋之利，日益饒滋。土人效其力作，頗多樹藝。[138]

由於贛西北山區有諸多山地可供經濟作物的種植，而且利潤可觀，吸引了大批福建移民前往。曹樹基注意到，以閩省為代表的流民對贛西北山區，包括萍鄉、宜春、分宜北部的丘陵山區以及萬載縣，新喻及新昌縣在內的諸多縣份的苧麻、藍靛等經濟作物的種植起了重大的助推作用，作者充分發掘袁州地方志資料後指出，崇禎時萍鄉、宜春北部之地，「袁州郡縣，界連楚越粵，崎嶇險峻，延袤皆山，內有三關九圖，環溪峭壁，昔為閩廣之交。誅茅而處，鑿山種麻」；「平山墳塹掘墳墓，種苧割藍其利溥」[139]；又如同治《新昌縣志》卷九《武備》亦記萬載縣西北

---

138 乾隆《袁州府志》卷一二，《風俗》。
139 同治《袁州府志》卷九，《藝文・前井蛙行》。

部山區，「天井堝者……向多閩人種靛，搭棚以居」[140]；再如新昌縣，「天啟間，福建流寓種山者，自願立棚開墾，插藍認租」[141]。在分宜，則多有種植甘蔗的情況，據康熙《分宜縣志》載：「先年奉徙流民男婦寓居分宜嶺山，結棚為舍，耕種麻、蔗以資生」[142]，以致順治初郡守施閏章對明末贛西北山區的開發作詩曰：「閩海多流人，江甸多荒田……種蔗復種苧，地利餘金錢」[143]。在這樣的背景之下，明末贛西北的苧麻、藍靛等經濟作物一度出現前所未有的繁盛局面。曹樹基據此認為，以閩南流民為主體，以苧麻、藍靛等經濟作物種植為主要生產內容，這是明末贛西北山區流民運動的鮮明特徵。

隨著福建移民的不斷進入，袁州地區棚民日益增多，他們與當地土著的矛盾衝突也越來越多，而衝突的核心乃是贛西北地方生產資源和經濟收益的爭奪。閩省移民前往贛西北山區之時，土客關係相對較為融洽，正如前引《棚下鄭氏族譜》所言：鄭與陳、張二姓，「入萍，初住茅棚，每歲臘閉戶回閩，春來器皿不失」。然隨著時間的推移，這種情況有所變化。

實際上，當明末棚民規模不斷壯大，甚至威脅到當地土著經濟生活時，土客矛盾很快便變得尖銳起來。李木子對明末袁州之

---

140 同治《新昌縣志》卷九《武備》。

141 同治《新昌縣志》卷八。

142 康熙《分宜縣志》卷二《風土考》。

143 （清）施閏章：《學餘堂詩集》卷八《流人篇》，《文淵閣四庫全書》本。

地的土客衝突有充分的注意。[144]其引用《井蛙行》中的材料說，棚民「不攜半菽與寸絲，寢吾民，爭吾土，平山填塹掘墳墓，剗苧、刈藍其利溥」；以及《袁州府志》卷一二《風俗》稱：「萬載棚民，其來較早，占美田宅，與土著爭富矣」[145]。除此以外，作者還舉了萍鄉的例子，萍鄉的李鳴喬、譚錫命，宜春的潘于達、袁一簀等，因嫉妒棚民之富，便說「閩人異籍」，棚民「耕山種麻，伐木培菌」等等，是「蠶食袁州」、「席捲謀產」、「隱患可慮」，因而「寧願荒山，不能失業」也要把他們攆走。

鄭銳達在討論明末清初移民進入袁州府的社會狀況時，同樣十分重視對於當地土客衝突特別是明末清初袁州府棚民暴亂的考察。[146]為了瞭解棚民的社會生活，鄭氏引施閏章的《流人篇》云：

> 閩海多流人，江甸多蕪田。
> 不肯自力作，拱木生田間。
> 流人鳥獸來，野宿餐寒煙。
> 仳離憫喪亂，父老為泫然。
> 保聚使荷耒，緝茅依山原。

144 李木子：《明末清初贛西北「棚民」問題研究》，《宜春學院學報》2005 年第 5 期。

145 乾隆《袁州府志》卷一二《風俗》。

146 鄭銳達：《移民、戶籍、宗族——清代至民國期間江西袁州府地區研究》，三聯書店，2009 年版，第 25、26 頁。

種蔗復種芋，地利餘金錢。

浸尋立雄長，唱和成聲援。

逋租陵土著，攘臂相怒喧。

百千勢莫制，殺牛燒屋椽。

驅除既不可，馴致釀亂源。

當塗重辟土，吞聲莫敢言。**147**

　　指出該詩突出了福建移民空手而來，土著讓其耕種山地，移民從種麻獲利豐厚致富，實力由貧苦變得日漸強大；另一方面，原是主人的土著受到欺凌，地位卑微，表現了本土利益受外來移民侵漁的狀況。**148**

　　從 Averill 對江西「棚民」宗族形成的分析中，我們可以看到，邊緣地區的一些移民開拓者，往往利用同姓關係及擬構的共同祖先聯合起來，令他們可以在短時間內成立一個具規模的宗族。**149**在明末清初的贛西北山區的棚民與土著的衝突中，廣大「棚民」同樣組織起了強大的宗族以對付當地土著，誠如施閏章的《麻棚謠》詩句所云：

---

147 （清）施閏章：《學餘堂詩集》卷八《流人篇》，《文淵閣四庫全書》本。

148 鄭銳達：《移民、戶籍、宗族──清代至民國期間江西袁州府地區研究》，三聯書店，2009 年版，第 25 頁。

149 Stephen Averill，「The Shed People and the Opening of the Yangzi Highlands，」Modern China9.1，1983p:104-106.

山陬鬱鬱多白苧，問誰種者閩與楚。

伐木作棚禦風雨，緣岡蔽谷成儔伍。

剝麻如山召估客，一金坐致十石黍。

此隰爾隰原爾原，主人不種甘宴處。

客子聚族恣憑陵，主人膽落不敢語。

嗟彼遠人來樂土，此邦之人為誰苦？**150**

　　詩中所謂「白苧」即是麻，栽種主體是閩省與楚人；由於種麻利潤可觀，使得閩楚之人日漸富有，逐步建立起宗族力量，並欺凌土著地主。**151**一定程度表明明末清初贛西北山區社會秩序發生了結構性變化。

　　曹樹基引用施閏章《萬載謠》「鳩居一何多，土人拱手客種禾。殺牛沽酒醉且歌，滿眼蕪田奈爾何」詩文，認為萬載大片田地因缺佃而荒蕪；與此同時，大批流民聚於山地墾山種麻靛，是因為閩省流民寧願耕山而不願佃田，田租重，山租輕，山地種植麻靛等經濟作物收入超過租田佃耕。詩句並未反映租重租輕問題，曹氏此說似乎有些牽強。而鄭銳達在其《移民、戶籍與宗族》一書中則將此理解為施閏章把這種情形歸咎到了土著的惰性上，接著鄭氏又引《袁州府志》序進一步論證，其引文如下：

150　（清）施閏章：《學餘堂詩集》卷一九《麻棚謠》，《文淵閣四庫全書》本。

151　鄭銳達：《移民、戶籍、宗族——清代至民國期間江西袁州府地區研究》，三聯書店，2009 年版，第 25 頁。

（袁州）民間閭巷無紈綺，皆安儉守簡，淡然而易足，固知瘠土之民多善也。然耕作弗力，徒手召佃，山谷麻枲之利讓之閩越之流民，而土人不有予，又嘗惜其儉而未勤也。[152]

鄭銳達將施閏章的觀點解讀為土著不肯積極勤奮耕作，才使山間之利拱手讓與外來移民，但實際情況可能與土著是否懂得在山間種麻有一定的關係。[153]綜合考量各條史料，筆者以為鄭氏這種說法似乎更妥。

與贛西北山區不同，贛東北地處懷玉山和武夷山地帶，人口卻相當稀少，宋時是銅、銀、鉛等有色金屬的著名產地。明前中期，已有相當數量的農民進入此地以私開銀礦。如據嘉靖《永豐縣志》所載：

舉人祝庭璿代錢尹上僉憲孫公書略云……又按平洋坑，去仙霞關僅十餘里，浙之西戶，閩之北門，襟帶兩省，關通內外……成化十五年，山民劉陳鑿山熾炭，妄言銀礦之利，誘扇閩賊聚徒僅萬採鑿，既無所得，遂劫掠居民，焚蕩室廬，殺傷官軍及知府謝公士元，死者相枕，藉于道路，酸楚

152　乾隆《袁州府志》卷首，《序》。

153　鄭銳達：《移民、戶籍、宗族──清代至民國期間江西袁州府地區研究》，三聯書店，2009 年版，第 26 頁。

之聲，至今未絕……今復欲開鑿，公示利端，則嶺上之夷獠、百越之窮民必有舞鋤弄梃、咆哮跳樑於谷中者。如正統間山賊葉宗留竊發銅塘，與官兵抗敵，指揮葉某、總兵陳某、知縣鄧顒皆死於亂。其山亦有銅鐵之利，至今禁不肯開者，亦恐利端一啟，獠賊突出，不可複製，將以杜禍亂之萌也。且本坑雖以銀名，其實山石比之市井淘沙者，為力百倍。今以百斤礦石計之，春磨淘汰，爐冶融液，百度經營，得銀不能分釐，曾不足以償窮民之傭直。**154**

由於贛、浙、閩交界的仙霞嶺銅塘山地帶，儘管銀礦產量不是很高，但多少仍「有銅鐵之利」，於是吸引了諸多浙江等處流民進入開採。外來移民私自開採銀礦則已，在礦產枯竭之時還要舉行暴動，「劫掠居民，焚蕩室廬」，這就引起了官府的相當警覺，特別是葉宗留揭竿而起被鎮壓後，銅塘山周圍三百里始被封禁。葉氏起義影響甚大，以致顧炎武在《天下郡國利病書》中說道：

> 德興、玉山等縣地方，勘得雲霧山場，界連開化等縣，山勢陡峻……穿心四五十里，周回百十餘里，遍生大木、森肥，礦沙湧盛，官不征糧，民不佃種……以是山自葉宗留窟穴盜礦以來，雖久已封禁安輯，而不軌生心利孔者窺伺而

動。[155]

由此觀之，贛東北的武夷山、懷玉兩山山脈的東部山區基本被禁止開挖，農業墾殖自後長期得不到順利發展，就連德興、玉山等富礦山區亦因葉宗留事件而遭封禁，以致無法得到充分開採。

值得一提的是，明代贛東北的主要山區在官府的封禁政策下，農業墾殖未能展開，但大量移民轉而投入手工業生產，促成手工業的重大發展。如在景德鎮，瓷業生產水準進入一個高峰，而外來移民從業人員規模亦是相當之大，「浮梁縣里仁、長香等都居民，已與饒州府所屬鄱陽、餘干、德興、樂平、安仁、萬年及南昌、都昌等縣，雜聚窯業，傭工為生」。[156]再如廣信府的造紙情況，據《江西通志》載：「廣信府紙槽，前不可考。自洪武年間創於玉山一縣，至嘉靖以來，始有永豐、鉛山、上饒三縣，續告官司，亦各起立槽房」[157]。曹樹基據此認為，大量移民進入江西地區，轉而進入造紙、製瓷等手工業，這亦構成了贛東北明代流民的一大特色。

---

155 （清）顧炎武：《天下郡國利病書》，見《續修四庫全書・史部・地理類》，上海古籍出版社，2002 年版，第 128 頁。

156 光緒《饒州府志》卷三《地輿志三・土產》。

157 雍正《江西通志》卷二七《土產》，《文淵閣四庫全書》本。

三、贛南山區的開發

　　贛南,是介於嶺南與「中原」之間的重要區域,在地理區位上,贛南「南撫百越,北望中州」,據五嶺之會,扼贛、閩、粵、湘要衝;其東部的武夷山脈,連綿於寧都、石城、瑞金、會昌、尋烏等縣,是江西與福建的分界線;南部是著名的南嶺山脈,大庾嶺與九連山起伏於大余、信豐、全南、龍南、定南等縣,嶺南即廣東,西部有羅霄山脈的諸廣山,盤踞在上猶、崇義、南康等縣境而鄰於湖南。境內包括現今贛州地區的二區二市十五縣,亦即原贛州市的章貢區、黃金區,南康市、瑞金市以及贛縣、信豐、寧都、石城、瑞金、興國、會昌、安遠、尋烏、大餘、上猶、崇義、龍南、定南、全南等縣。贛南百分之八十以上的土地面積是丘陵和山地,在地形上贛南是一個相對獨立的區域,章水和貢水縱貫贛南全境,在贛州匯成贛江向北穿過相對低平的吉泰平原、鄱陽湖平原流入長江。**158**

　　從本節引言部分的論述可知,宋代贛南山區,景象十分荒僻,人口相對較為稀少,土地開發尚未大規模展開,其農業生產尚處於較低的水準。這種情況在特別是在贛南南部山區表現的尤其明顯,甚至到明初尚未改變。如據洪武初年楊霄遠描述安遠的情形說道:

---

158 以上參見周紅兵:《贛南經濟地理》,中國社會出版社,1984 年版,第 4-10 頁;以及黃志繁:《「賊」「民」之間:12-18 世紀贛南地域社會》,三聯書店,2006 年版,第 16 頁。

臣待罪安遠，知安遠一興一廢，立縣者三，又細訪縣中，不聞大姓，且少百年外之家……一望林巒，非拾級登峰，丹崖絕壑，即穿坑度凹，鳥道羊腸，臣不禁涕漣，寸心如碎。乃知安遠者，萬頃山岡一線田而已矣。故四方未旱，獨受旱災，山高徑狹，炎氣如爐，苗嘗蒸壞，驟雨即成水患，名曰倒嶺。沃土尺寸，隨波逐流。夫田少土磽，又糧多則重，無怪乎催科日迫，求生無路，而死無門。或合室全逃，更名換姓；或壯丁遠遁，撇子丢妻。[159]

曹樹基指出，惡劣的農業生產條件以及殘酷的階級剝削和階級壓迫使得本來就稀少的人口又紛紛外流，造成了這一帶山區農業墾殖的遲滯及社會經濟的極度凋敝；如果認為整個贛南山區社會政治條件是大致相同的話，那麼，該地的荒僻主要是農業生產條件惡劣的結果；安遠的情況可代表贛南山區的一般情況。[160]

值得注意的是，在贛南山地和丘陵之間，還分布著五十幾個大小盆地，其中較大的有于都盆地、興國盆地、信豐盆地、寧都盆地、瑞金盆地、石城盆地、尋烏（葫蘆洞——車頭）盆地、安遠版石盆地和大余池江盆地等，這些盆地由於地勢平坦、江河貫流，兩岸有較寬闊的平地和河谷階地，土壤肥沃，土層較厚，早

---

159 （明）楊霄遠：《薄斂疏》，見同治《贛州府志》卷六六《藝文志·明文》。

160 曹樹基：《明清時期的流民和贛南山區的開發》，《中國農史》1985 年第 4 期。

在宋代就已經是主要的農耕地。如贛州盆地、寧都盆地土地肥沃平坦，素為魚米之鄉。曹樹基對寧都北部山區部分自然村原籍及建村時間作了細緻地調查，並製成自然村原籍及其遷入時間、地點表，如表 2-3 所示：

表 2-3　江西寧都縣北部山區部分自然村原籍及建村時間

公社名	村名	遷移時間	遷移地點	原籍	資料來源
石上	高陵	唐天祐	本縣	河北	《清河廖氏十二修族譜》
	幹上	唐昭宗	本縣	陝甘	《隴西寧都李氏九修族譜》
肖田	大馬斜	唐乾符	—	江蘇	《延陵查源吳氏族譜》
	內頭	北宋	本縣	安徽	《譙國甯都戴氏十二修族譜》
	帶源	唐貞觀	浙江	山東	《平昌管氏十四修宗譜》
黃石	潢村	南宋紹定	永豐	山西	《汾陽郭氏九修族譜》
	江口	唐會昌	石城	河北	《博陵白鹿江崔氏九修族譜》
田埠	武村	北宋	—	山東	《寧都老衙前東魯曾氏九修族譜》

資料來源：引自江西省寧都縣地名檔案，參見曹樹基：《明清時期的流民與贛南山區的開發》，《中國農史》1985 年第 4 期。

某種程度上說，一個地區開發的早晚，與居住在該地的一定

數量的人口以及這些人口在該地建立村落聚落的時間、數量等往往呈正相關關係。曹樹基就寧都北部山區建村的情況分析指出，儘管表 2-3 所述八族並不直接來自北方，但其族譜名稱就反映了他們祖先自北向南遷徙的歷史過程，表明唐宋時期從北方遷來的人口已經開始了贛南東北部山區的農業墾殖，它是與相鄰的贛東宜黃、樂安等縣山區的農業墾殖同時發生的。**161**

再如山多水少的贛南中部的贛縣七里鄉，在唐宋時期亦漸漸吸收了一些北方移民的進入，據史料載：「唐初以來，人煙漸集，崇觀年間，遂以河口，漢塔之七嶺，因形如赤鯉，狀似逆江而上，因定名為七鯉村。沿至宋代，瓷業大盛，至開寶年間，乃收村為鎮，故今為七鯉鎮焉」**162**。民國李柳溪對七里鄉姓氏所作的調查指出：

> 據陳氏家譜所載，是虞舜的後裔，自唐代由河南避亂南來，世居該鄉。劉氏系自陶唐時受封于劉，後高祖興漢，子孫封王，其後裔由河南為官來贛，卜居七鯉鎮……黃氏是由湖廣麻城縣遷至信豐，以開墾為生……池氏是南宋時由河南汝寧府出任廣東，道經虔州，因留居七鯉鄉，宋末咸淳年

---

161 曹樹基：《明清時期的流民與贛南山區的開發》，《中國農史》1985 年第 4 期。

162 （民國）李柳溪編著：《贛縣七里鄉社會調查》第 1 章《七里鄉概況‧沿革》，載於張研、孫燕京主編：《民國史料叢刊（755）》，大象出版社，2009 年版，第 105 頁。

間，池夢鯉中特科狀元，當時本鄉文化為之一振。[163]

綜觀以上各大姓氏，多由長江以北遷來，於唐宋時多為官宦至此，兼有「以開墾為生」的情形，表明贛南中部之地相對於贛南南部山區等地區，較早地得到開發。

饒偉新對明代贛南的移民運動及其分布特徵作過細緻地考察，並且也認為，明代以前贛南地區經歷了一個緩慢而曲折的開發過程，尤其是兩宋時期，贛南社會逐步進入穩定發展時期，贛縣、于都、寧都、興國、南康等縣開發漸趨成熟，其他縣治也逐步建置起來，大體奠定了日後贛南地區的縣域格局。[164]

但同時饒氏又指出，曆元入明，由於戰亂和大規模的傳染病流行，人口驟減，贛南再度淪於地僻人稀的邊陲狀態。[165]據永樂、宣德年間（1403-1435）的大學士楊士奇的記載稱：「贛為郡，居江右上流，所治十邑皆僻遠，民少而散處山溪間，或數十裡不見民居。里胥持公牌徵召，或行數日不底其舍。而岩壑深

163　（民國）李柳溪編著：《贛縣七里鄉社會調查》第 1 章《七里鄉概況‧沿革》，載于張研、孫燕京主編：《民國史料叢刊（755）》，大象出版社，2009 年版，第 113、114 頁。

164　饒偉新：《明代贛南的移民運動及其分布特徵》，《中國社會經濟史研究》2000 年第 3 期。饒偉新在該文注1中指出，曹樹基相對較多地探討了明代贛南流民的來源與分布，但對移民的階段性也缺乏具體、詳細分析（參見曹樹基：《明清時期的流民和贛南山區的開發》，《中國農史》1985 年第 4 期）。

165　曹樹基：《贛閩粵三省毗鄰地區的社會變動和客家形成》，《歷史地理》，第 14 輯，上海人民出版社，1997 年版。

邃，瘴煙毒霧，不習而冒之輒病，而死者常什七八」[166]，表明明初贛南地區的社會生態環境稍顯後進；明初以來，正是在這樣一種土著人口稀少、土地荒僻的社會生態背景之下，贛南地區吸納了大批移民；明代贛南地區的外來移民，主要來自贛中、福建和廣東，其中福建、廣東移民又以閩西籍和粵東、粵北籍為主。[167]

山區的開發實際上是和流民運動聯繫在一起的，山區開發的時空差異直接導致的是區域之間人口遷徙的動向。明代贛南由於地曠人稀，很早就有人前來佃耕，早在成化年間，贛南當地大戶就有招佃僕耕種的做法，《明史・閔珪傳》載：「（閔珪）成化六年擢江西副使，進廣東按察使。久之，以右僉都御史巡撫江西。南、贛諸府多稻，率強宗家僕。」[168]所謂「家僕」，即多為外地逃移之佃戶。如據《皇明條法事類纂》記載：

> 南、贛二府地方，地廣山深，居民頗少。有等豪富、大戶不守本分，吞併小民田地，四散置為莊所。鄰境小民畏差徭，攜家逃來，投為佃戶，或收充家人。種伊田土，則不論荒熟，一概逼取租穀。借伊錢債，則不論有無，一概累算利

---

166 （明）楊士奇：《送張玉鳴序》，見同治《贛州府志》卷六六《藝文志・明文》。

167 饒偉新：《明代贛南的移民運動及其分布特徵》，《中國社會經濟史研究》2000 年第 3 期。

168 （清）張廷玉等：《明史》卷一百八十三，列傳第七十一，《閔珪》。

息。少拂其意，或橫（加）種（疑為摧）楚……以致大（疑為小）戶貧苦，存活不得，只得糾集一搬（般）逃戶，或四散劫掠，或勾引原籍盜賊，劫殺主家。**169**

　　這些被贛南當地大戶收留的流民顯然沒有被官府登記，而是成為大戶的家丁和佃戶，受當地大戶的控制和盤剝，甚至成為大戶為盜的基本力量。大戶利用逃移佃戶勾結為盜的情況在當地相當普遍，此據《明實錄》記載：「江西盜之起由賦役不均。官司坐派稅糧等項，往往徇情畏勢，陰佑巨害，貽害小民，以致窮困無聊，相率為盜。而豪家大姓假以佃客等項名色窩藏容隱，及至事發，曲為打點脫免，互相仿效，恬不為怪。」**170**

　　弘治、正德年間，早先被安插於西部上猶、南康隙地之處的廣東流民（被稱為「輋」），亦多有潛入萬安、龍泉等縣，釀成贛南地區嚴重的社會動亂，時任南贛巡撫的王陽明在征剿上猶「輋巢」時指出：「有吉安府龍泉、萬安、泰和三縣，並南安府所屬大庾等三縣居民無籍者，往往攜帶妻女，入佘為盜」**171**；又說：

---

169 （明）戴金編：《皇明條法事類纂》下卷附編《禁約江西大戶逼迫故縱佃僕為盜其窩盜三名以上充軍例》，古典研究會，1966 年版，第719 頁。

170 《明孝宗實錄》卷一九一，「弘治十五年九月癸巳」條。

171 （明）王守仁：《王文成全書》卷一六《諮報湖廣巡撫右副都御史秦夾攻事宜》，《文淵閣四庫全書》本。

其初畬賊，原係廣東流來。先年，奉巡撫都御史金澤行令安插在此，不過砍山耕活。年久日深，生長日蕃，羽翼漸多；居民受其殺戮，田地被其佔據。又且潛引萬安、龍泉等縣避役逃民並百工技藝遊食之人，雜處於內，分群聚黨，動以萬計。始漸虜掠鄉村，後乃攻劫郡縣。近年肆無忌憚，遂立總兵，僭擬王號；罪惡貫盈，神人共怒。**172**

這些來贛南之地謀生的流民，一旦脫離官方的體制，就成為官府眼中的「化外之民」，就很容易打上「畬」、「賊」的烙印，成為贛南地區的動亂之源。

嘉靖年間，江西北部和中部的人地矛盾日益緊張，人口壓力越來越大，加上賦役繁重，迫使大量人口外出謀生；由於當時贛南人口稀少，仍有大量未開墾荒地，有不少贛中甚至贛北人流入贛南謀生。尤其以鄰近的吉安、撫州等地流民為最，嘉靖初年任南贛巡撫的周用稱道：

惟南贛地方，田地山場坐落開曠，禾稻竹木生殖頗蕃，利之所在，人所共趨。吉安等府各縣人民平常前來謀求生理，結党成群，日新月盛。其般運谷石，斫伐竹木及種靛、載杉、燒炭、鋸板等項，所在有之。又多通同山戶田主置有

172（明）王守仁：《王文成全書》卷一〇《立崇義縣治疏》，《文淵閣四庫全書》本。

產業，變客作主，差徭糧稅，往來影射，靠損貧弱。又有一
種來歷不明之人，前來佃田傭工及稱齋人教師等名色，各多
不守本分，潛行盜竊，間又糾集大夥，出沒劫掠，不可蹤
跡。又或因追取久近債務，或根捉脫逃軍匠，往往各於原籍
官司生情捏告，彼此文移往來，經年不得杜絕。[173]

從上述周用的描述中，我們看到當時贛南地區移民往來頻
繁，導致這一地區呈現出一幅山區開發、商品經濟繁榮的喧鬧景
象。

造成鄰近地區眾多貧民進入贛南地區的重要原因，不外有以
下幾個方面：

第一，遷出地人民飽受土豪地主的壓迫深重，迫使贛中等地
的民眾不得不佃耕南贛。許懷林在其《江西史稿》中就明代豪紳
富室對農民的盤剝作了深刻地分析，許懷林指出，豪紳的大肆盤
剝和繁重的賦役負擔是套在農民項頸上的兩副重枷；[174]傅衣淩
亦認為，宋元以來均田制的破壞，使土地逐步朝著私有化的方向
發展，出現了各種大土地佔有形式，如形勢戶、官僚地主、鄉紳
地主、商人地主、鄉族地主等，促使土地高度集中，造成了大量

173 （明）周用：《乞專官分守地方書》，見雍正《江西通志》卷一一七
《藝文》，《文淵閣四庫全書》本。

174 許懷林：《江西史稿》，江西高校出版社，1998 年版，第 459-463 頁。

江西農民的破產。[175]具體舉例如《皇明條法事類纂》記成化十年（1474）吉安府廬陵縣的地方豪強對貧民進行勒取的一則條例載：

> 吉安府廬陵縣民王集典言一件：「方今天下為小民之害者，莫甚於豪強之徒挾其富盛之勢，又有伴當為爪牙，以取其威。貧民佃其田者，雖凶災水旱，亦不免被其勒取全租；貪其錢者，則皆被其違禁酷取，有自永樂、宣德、正統、景泰、天順年間起至今，錢債已還，而文約被其勢留，重行勒取，或挾勢要其子女以為驅使，或勒寫其田宅以為己有。田戶役而勒害，有因稅糧而遇徵，使小民不得安生，而多逃移他處。」[176]

第二，除了地方豪紳大肆侵奪農民的土地外，日益加重的賦役負擔亦是推動吉安等地人口流往贛南之地的重要因素。嘉靖年間，陳子壯的《昭代經濟言》記有江西豪紳多有將置買的田產大肆隱瞞的情況，其言稱：

> 江西有等巨室，平時置買田產，遇造冊時賄行裡書，有

175 傅衣凌：《明代江西的工商業人口及其移動》，《明清社會經濟史論文集》，人民出版社，1982年版，第187頁。

176 （明）戴金編：《皇明條法事類纂》上冊卷二〇《債主關俸問不應》，古典研究會，1966年版，第500、501頁。

飛灑見在人戶者，名為「活灑」；有暗藏逃絕戶內者，名為「死寄」；有花分子戶，不落戶限者，名為「畸零帶管」；有留在賣戶，全不過割者；有過割一二，名為「包納」者；有全過割者，不歸本戶，有推無收，有總無撤，名為「懸掛掏回」者；有暗襲京官方面、進士舉人腳色，捏作「寄莊」者。[177] 在冊不過紙上之捏，在戶必尤皆空中之影。以致圖之虛以數十計，都之虛者以數百計，縣之虛者以數千萬計。遞年派糧編差，無所歸者，俱令小戶賠償。小戶逃絕，令里長；里長逃絕，令糧長；糧長負累之久，亦皆歸於逃且絕而已。由是流移載道，死亡相枕，戶口耗矣……大抵此弊惟江西為甚，江西惟吉安為甚，臨江次之。[178]

從以上材料看來，江西富豪巨室是把遞年派糧編差轉嫁給了當地小戶了。隨著人口的不斷逃亡，政府的徭役負擔非但沒有減輕，未逃亡者反而還要承擔逃亡小戶的「派糧編差」，促使更多的人向省內外逃移，那些地曠人稀和荒廢待墾之地便成為他們的首選。

第三，隨著平原地帶耕地開墾殆盡，人口的增長無法適應土地的增速，於是導致嚴重的人地關係矛盾。隨著社會經濟的穩步

---

177 （明）陳子壯：《昭代經濟言》卷三，引自謝國楨：《明代社會經濟史料選編》中篇，福建人民出版社，1980年版，第150、151頁。

178 （明）陳子壯：《昭代經濟言》卷三，引自謝國楨：《明代社會經濟史料選編》中篇，福建人民出版社，1980年，第151頁。

發展和實際人口的不斷增長，明中後期江西人口與土地的矛盾變得日益突出起來。在眾多的中國歷史文獻記載中，多以「地廣齒繁」、「土薄齒繁」、「民稠而田寡」、「齒繁土瘠」、「地產窄而生齒繁」或「土狹民稠」及「生齒繁夥」等詞彙來描述這一時期江西人地關係緊張的情況。如成化四年（1468）秋七月，新任吉安府知府許聰說道：「吉安地方雖廣，而耕作之田甚少；生齒雖繁，而財穀之利未殷」[179]；羅洪先則說得更為明確：「吉郡地雖廣，然生齒甚繁，不足以食眾，其人往往業四方，歲久不一歸，或即流落」[180]；明人羅大紘也指出：「吉郡土薄齒繁，慮走四方為生，然多下賈」[181]。由此觀之，贛南地區在明中期以後接收了大量贛中移民，這也就不難理解了。

除了贛中一帶的流民之外，還有不少閩粵流民成為贛南的佃戶，不少被贛南本地土著視為「閩廣流寓」。[182]今舉數例：寧都，明末清初寧都人魏禧說道，「吾寧田曠人少，耕家多傭南豐人為長工，南豐人又仰食於寧，除投充紳士家丁生理久住寧者，

179　《明憲宗實錄》卷五六，「成化四年（1468）秋七月癸未」條。

180　（明）羅洪先：《念庵文集》卷一五《明故白竹山徙柘鄉族叔兆軒墓誌銘》，《文淵閣四庫全書》本。

181　（明）羅大紘：《紫原文集》卷五《吳香山姻丈七十序》。

182　以往的研究總是認為只有贛南以外的人民遷入贛南才是贛南流民，這就忽略了在贛南本地區之間來回遷徙的流民，贛南此時大量編戶逃亡，許多躲避在山區，也成為流民。其實流民的概念是相對於土著而言的，移民的籍貫為何，並不重要。

每年傭工不下數百」[183]。但同時，魏禧之弟魏禮又認為：「陽都
屬鄉六：上三鄉皆土著，故永無變動；下三鄉佃耕者悉屬閩人，
大都福建汀州之人十七八，上杭、連城居其二、三，皆近在百餘
里山僻之產。」[184]瑞金，清初邑人楊兆年追憶明時情況：「（瑞
金）無他產殖，惟樹五穀。承平之時，家給人足，閩、廣各府之
人，視為樂土，繩繩相引，僑居此地。」[185]興國，康熙《興國縣
志》記曰：「興國土滿人稀，東北多曠地，閩粵流寓耕之，種
藍、載苧，亦多獲利。而土著弗業焉，葛不知採，桑無所
樹。」[186]安遠，康熙《安遠縣志》說：「閩、粵之人，雜處其中，
土著者七，流移者三。」[187]由此可以想見，明末時期進入贛南地
區的閩粵流民已具有一定的規模。

關於閩粵流民的規模與分布情況，曹樹基在《明清時期的流
民和贛南山區的開發》[188]一文中以崇義縣閩粵、贛中移民進入
贛南的實態為例進行統計分析，對該縣明中前期流民建村情況清

---

183 （清）魏禧：《與曾庭聞》，見《魏叔子文集》卷七《甯都三魏文集》，
　　道光二十五年（1845）本。

184 （清）魏禮：《與李邑侯書》，見道光《寧都直隸州志》卷三一《藝
　　文》。

185 （清）楊兆年：《上督府田賊始末書》，見道光《寧都直隸州志》卷
　　三一《藝文》。

186 康熙《興國縣志》卷一《土產》。

187 康熙《安遠縣志》卷一《輿地》。

188 曹樹基：《明清時期的流民和贛南山區的開發》，《中國農史》1985年
　　第4期。

單 2-4 如下：

表2-4　江西崇義縣明中前期閩粵、贛中流民所建自然村情況

地區	廣東				福建	江西吉、泰地區	總計
	粵省	粵北	粵東	小計			
村數百分比（%）	17	32	15	64	10	6	80
				80.0	12.5	7.5	100

資料來源：《江西省崇義縣地名志》（初稿）；曹樹基：《明清時期的流民和贛南山區的開發》，《中國農史》1985 年第 4 期。

注：該縣明代所建村多以代數標示，本表以 25 年左右為一代，建村時間達 20-25 代者，均以明中前期計。

根據曹氏的分析，表中「粵省」未分是粵北還是粵東，然從表中粵東、北所占比例看，大部分應為粵北，即明中前期來粵省北部始興、南雄、仁化一代的流民在崇義占絕大多數，粵東次之，閩省又次之，吉泰籍村莊較少。粵北流民多集中於崇義南部山地，粵東流民則多聚於中、西、北部山地，吉泰之地流民多集中在東部丘陵；閩粵兩省流民除活躍於贛南山區的東西兩側外，明中期即開始向贛南中部及北端推進。

明末贛南流民活動範圍非常大，官方記載的動亂十分頻繁，官府漸成無力應付之勢。試看同治《贛州府志》卷三二《武事》的記載：

　　熹宗天啟五年，廣賊丁天勝劫掠定南，殺鄉民胡敬泉等。後二年，廣賊鄒豺子複劫伯洪保。

懷宗崇禎元年四月，丫婆總賊數攻安遠，城陷，擄掠一空。挾知縣沈堯封去，邑紳富戶購銀贖歸……尋攻龍南下曆，執巡檢湯之訓，殺戮甚多……復攻龍南。

二年，廣賊張庚子劫掠龍南……

三年，九蓮山賊瘟痢總掠龍南，邑中戒嚴。廣賊謝志良流劫四處……

四年，寇鐘三舍等犯定南……

五年，粵賊丫婆總流劫，贛、吉屬邑、雩都各鄉，受禍甚慘……

十五年，廣賊閻王總、劊刀總、番天營、豬婆總凡十餘種，流劫各縣村落。明年攻破安遠、石城諸寨。

十六年，定南何氏家奴密教楊細俫以妖言惑眾，作亂。

十七年，粵寇閻王總統兵數萬，劫南、贛二郡，所過莫敢敵。**189**

大致說來，土著對「流民」進入贛南的擔憂主要有三點：一、流民活躍於邊界，「聚居山谷，為作奸藪」，而贛南本地戶口則大量流失，「一有勾呼，相率逃徙」，極易造成新的流民和原來流民結合，引起社會動亂；二、流民不正式入籍，「夫其定居也，非自外省轉徙而占籍者」，容易規避賦役，而且又要冒籍考試；三、流民在贛南謀生獲利，「求田問舍」，導致「田土強

---

189 同治《贛州府志》卷三二《武事》。

半鄰壞，占籍土著亡幾」。這些因素交織在一起，衝擊贛南原來的社會秩序。在一些土著勢力不強的邊遠山區，流民勢力蓋過土著，王朝無法控制，就產生地方動亂，明中期以後贛湘閩粵交界地帶動亂頻繁，就和這種形勢相連。

流民進入贛南山區，至少帶來以下數個方面的問題：

其一，移民與土著如何共處一地，如何共用山林土地等自然資源、戶籍科舉等文化資源，如何共同面對和處理社會問題。顯然，由於立場不一致，兩者是不可能取得一致意見的，於是，爭鬥不可避免。在這個爭鬥過程中，作為先來的土著[190]，由於先控制著本地的戶籍和土地等資源，在競爭中處於優勢地位。但是，流民總能衝破各種阻力，獲得與土著抗衡的力量。到明代中後期，他們的勢力已經相當大了。隆慶年間贛州通判廖憲所言：

> 余署篆信豐，覽觀風俗，考求利弊，最病者，田歸異郡，役累土著，其為鄉人所有者，殆四分之一耳。[191]

這些流民常常在財力上超過土著，如信豐縣的土地「為鄉人所有者，殆四分之一耳」，其餘全歸流民。類似信豐的情況，在贛南非常普遍，天啟《贛州府志》曰：

---

190 本節的「土著」，主要指納入國家統治體系，並被認為是本地人的編戶齊民，而不是指山區原住民──土著「佘」、「瑤」等人群。

191 廖憲：《警俗論》，見同治《贛州府志》卷六八《藝文志·明文》。

贛亡他產，頗饒稻穀……蓋齊民不善治生，所恃贍一切費者，終歲之入耳。故日食之餘，則盡以出糶，鮮有蓋藏者。且田土強半鄰壤，占籍土著亡幾。[192]

「田土強半鄰壤」指的就是鄰近地區的流民占了一半以上的土地。所謂的「鄰壤」，可以指贛南交界的四省邊界各縣，但估計以贛中吉泰平原諸縣之人為多。[193]贛中泰和人郭子章曾言：

夫虔州各縣大半皆吉民田，以吉州土狹民夥，二百年來俱買田虔州，非自今日始也。愚意吉民買田虔縣者，虔各縣各有糧有冊，照舊令吉民裝回自食自糶，糶止給本鄉人，不許半途串水客盜載出境。[194]

郭子章的本意是要在虔州（贛州）買田的吉安府之人，把糧食運回吉安家鄉「自食自糶」，從「吉民買田虔縣者，虔各縣各有糧有冊」中，亦可見寄莊戶之普遍。大量「流寓」的出現，已

---

192 天啟《贛州府志》卷三《輿地志‧土產》。

193 饒偉新認為，贛中移民主要分布在開發較早的農耕區，移民方式也和其原來的生活方式有關，以從事農耕和工商業等「善營居」手段為主，他們和土著的衝突主要表現在經濟資源的爭奪和冒籍報考等問題，見其《明代贛南族群關係與社會秩序的演變——以移民和流寇為中心》，廈門大學碩士學位論文，1999年。

194 （明）郭子章：《傅草》卷七《上吳澂如公祖》，四庫存目叢書，集部第156冊，第54頁。

經引起贛南本地土著的不滿和警覺。

隆慶年間贛州通判廖憲對比土著和流民，說道：

> 吾嘗深思其故，而知信人不若異郡者五焉：彼異郡人蔓
> 衍於吾邑也，朝夕課利至老死不殆，其家居也，蓋百無一二
> 焉；而吾民殊怠惰，牽家累，此勤不若也。異郡人蔬飯惡
> 衣，弗以為恥，蓋時而粥食；而吾民自奉殊豐靡，或以「小
> 南京」目之，此儉不若也。異郡人經營，刀錐算無遺策；而
> 吾民戇直無他腸，此算計不若也。異郡人自為童稚時，則已
> 習律尺、弄刀筆；而吾民安四野，懵前經或不識官府，此智
> 識不若也。異郡人涉江湖，逾嶺表，弗以為勞；而吾民顧脆
> 弱，溺宴安，此筋力不若也。**195**

異郡人「習律尺」、「弄刀筆」、「涉江湖」、「逾嶺表」等求
利行為導致的是「田歸異郡，役累土著」，土著對此雖表輕蔑但
無可奈何。天啟年間，《贛州府志》編修者表示了對「土著多而
流寓少」的憂慮：

> 贛為四省之交，流寓實蕃，此疆彼界，蹤跡匪易，乃告
> 訐抵讕者往往詭籍相蒙，膚受罔上，其意不在角勝，而在株

---

195 （明）廖憲：《警俗論》，見同治《贛州府志》卷六八《藝文志·明
　　文》。

連蔓引，以張機陷報宿怨焉耳。緩之則益為訌，急之則巧為避，神鬼出沒，沈命舍匿之，法不得行，官府經年苦勾攝，民之受其荼毒，寧有已時耶？儻跡其尤重懲之，毋令脫綱，狡黠亡賴輩庶或有警乎。[196]

贛裡數民籍不及鄰封一巨邑，奈何以墺區上毛目之。蓋地曠人稀，生理鮮少，惟贛為然，且人多鄉土戀，不肯逐末，終歲株守田廬間……唯是以目前言之，釜筥久空，錙株為苦，一有勾呼，相率逃徙……況今之贛，非無事之國也，閩廣流民聚居山谷，為作奸藪。[197]

天啟《贛州府志》主筆者為贛縣人謝詔，以上議論均冠以「謝詔曰」。作為土著的謝詔發出如此感歎，無疑反映了一種本地人的意識，這種意識在與流民的衝突中很容易得到加強。

其二，隨著大量流民進入贛南山區，贛南經歷了一個人口增長和山區開發同時進行的過程，除了大量種植水稻外，經濟作物的種植也較為普遍。根據曹樹基的研究，明代中期時，大批贛中、福建、廣東流民進入贛南，他們或佃耕水稻，或從事林木砍伐及加工，經濟作物的種植則以藍靛為主。[198]筆者曾對贛南商道、商品流通、市場體系作過簡要的探討，並指出，明中期以

196 天啟《贛州府志》卷一《輿地志一・疆界》。

197 天啟《贛州府志》卷七《戶口》。

198 曹樹基：《明清時期的流民和贛南山區的開發》，《中國農史》1985 年第 4 期。

後，贛南山區的開發是在外部市場刺激下進行的，不僅贛南山區的各種經濟作物運銷外部市場，而且在本地生產的糧食也和全國性的更大的區域市場格局息息相關；尤其在糧食生產、蔗糖市場、藍靛交易等方面表現得尤為突出，前引周用對贛南的描述：「南贛地方，田地山場坐落開曠，禾稻竹木生殖頗蕃，利之所在，人所共趨」，「其搬運谷石、斫伐竹木，及種靛載杉、燒炭鋸板等項，所在有之」**199**，即是說此。至於經濟作物的種植情況，現再試舉數例如下**200**：

糧食運輸方面，天啟《贛州府志》載曰：「贛亡他產，頗饒稻穀，自豫章吳會，咸仰取焉。兩關轉穀之舟，日絡繹不絕，即儉歲亦櫓聲相聞」**201**，可見明代贛南生產的糧食還可供應贛中及江浙一帶。

藍靛是傳統紡織業所必需的染料，隨著棉紡織物的增多，染料的需求迅速擴大，種藍製靛也隨之推廣開來，贛南的藍靛種植是由閩西流民帶進贛中而後傳入的。**202**據《贛州府志》載：「潊俗作靛，用藍葉所成，大藍葉如萵苣而肥厚微白。今為潊者多是

---

199 （明）周用：《乞專官分守地方疏》，見雍正《江西通志》卷一一七《藝文》，《文淵閣四庫全書》本。

200 黃志繁：《大庾嶺商路、邊緣市場、內陸市場》，《南昌職業技術師範學院學報》2000 年第 1 期；《「賊」「民」之間：12-18 世紀贛南地域社會》，三聯書店，2006 年版，第 111-113 頁。

201 天啟《贛州府志》卷三《輿地志‧土產》。

202 李曉方：《明清時期贛南經濟作物的推廣種植與生態環境的變遷探析》，《農業考古》2007 年第 4 期。

小藍，高一二尺許，葉細而密。以葉漬汁和石灰澄瀝成澱，用以染縉。瀝澱時掠出浮沫為澱花，陰乾即青黛也。耕山者種藍，頗獲其利。」[203]早在成化、弘治間，鄰近贛南的吉安泰和之地即早有青靛的種植，如據《泰和縣志》載：「本縣土產藍草，長四五寸，故其為靛，色雖淡而價甚高，由於土人少種故也。成化末年，有自福汀販買藍子至者，於是洲居之民，皆得而種之，不數年，藍靛之出，與汀州無異，商販亦皆集焉。」[204]吉安泰和之地與贛南相鄰，地形相似，故此基本也可看做是贛南地區的情況。實際上，即使贛南當地文獻，亦不乏對於種藍的記載，如據《明穆宗實錄》所記：「江西萬洋山跨連湖廣、福建、廣東之地，舊稱盜藪，而各省商民亦嘗流聚其間，以種藍為業」[205]，表明贛州為當時一藍靛交易中心；天啟《贛州府志》亦載：「城南人種藍作靛，西北大賈歲一至，汛舟而下，州人頗食其利」[206]。

最近，周琍、黎明香又對明清贛南經濟作物的種植概況、原因、意義進行了全面地分析，[207]根據周、黎二人的研究，除了以上兩類商品生產外，贛南明清兩代還廣種煙草、甘蔗、花生等經濟作物。比如煙草生產，作者引《寧都直隸州志》（重印本）

203 道光《寧都直隸州志》卷一二《土產志》（重印本）。

204 光緒《泰和縣志》卷一一《食貨志·土產》。

205 《明穆宗實錄》卷二六，「隆慶二年十一月乙卯」條。

206 天啟《贛州府志》卷三《輿地志三·土產》。

207 周琍、黎明香：《明清贛南地區經濟作物的種植研究》，《農業考古》2010 年第 1 期。

記載曰：「（煙）種出日本，明天崇間始入內地，今遂無地不種。州治及石城所出尚不如瑞金之多。《縣志》謂曰：『瑞邑山多田少，所產之穀不足供一邑之食，借買煙以易米，似亦生財之一法。』」[208]而甘蔗生產，早在南北朝時贛南甘蔗便聞名全國，至康熙年間，南康和寧都直隸州的甘蔗種植面積相當之大，產量亦相當之豐，以致康熙《南康縣志》有載：「南康近產糖蔗，歲煎糖可若千萬石」[209]；道光《寧都直隸州志》亦稱當地的蔗糖產量曰：「州治下鄉多種以熬糖，農家糖多者可賣數百斤」[210]。至於花生的種植，自明代傳入中國後，這一重要的油料作物即在龍南、瑞金、寧都等州縣種植。舉例如乾隆前後的瑞金縣，「（花生）向皆南雄與南安產也，近來瑞之浮四里人多種之，生殖繁茂，一畝可收二三石，田不糞而自肥，本少而利尤多，州治近來種者亦多」[211]。雖然這些記載多為清代的地方志作者描述的情況，但至少可表明明代這些經濟作物在贛南已有一定範圍的種植。

其三，經濟作物的推廣種植，直接導致了贛南山地的過度墾殖。贛南是一個典型的山區，山地面積占全區面積的百分之八十三，經濟作物的引進和推廣種植，唯有向山嶺進軍，其結果直接

208 道光《寧都直隸州志》卷一二《土產志》（重印本）。

209 康熙《南康縣志》卷三《輿地志‧土產》。

210 道光《寧都直隸州志》卷一二《土產志》。

211 乾隆《瑞金縣志》卷二《物產》。

導致了山地的過度墾殖，更為嚴重的是帶來嚴重的水土流失和其他災害性後果。[212]

伴隨著流民墾山活動的加強，贛南生態也不斷惡化。據康熙《贛縣志》載：

> 贛田地於江右為下下，非有平原曠野，阡陌相連。不過因兩山之岕，嶺麓之隙，聚土築沙，稍儲水而耕之，望之層層若階級，即名為田。昔人所云「山到上頭猶自耕者」是也。十日不雨便已龜柝，湝湝一日暴注，則又沖決累坎……加以丙辰水災，田土崩柝，僅存山骨，以故丙辰而後，民多徙居他邑，不復依戀故土。[213]

所謂「丙辰」，當指萬曆四十四年（1616），上文所指「十日不雨便已龜柝，湝湝一日暴注，則又沖決累坎」、「田土崩柝，僅存山骨」的景象正是山地開發過度，植被受到破壞導致水土流失的結果；筆者對明清贛州府旱澇平均指數的研究也表明，明末贛南已然進入到一個較澇的時期。[214]

這就提示我們，任何一種以土地為依託的生產方式都猶如一

212 李曉方：《明清時期贛南經濟作物的推廣種植與生態環境的變遷探析》，《農業考古》2007 年第 4 期。

213 康熙《贛縣志》卷六《食貨志・田賦》。

214 黃志繁：《「賊」「民」之間：12-18 世紀贛南地域社會》，三聯書店，2006 年版，第 196、197 頁。

把雙刃劍，在它給人們帶來現實財富和經濟增長的同時，又必然為社會經濟的可持續發展埋下隱患；在當時的社會生產力條件下，人們無法從根本上解決因人口猛增和資源供給相對有限的矛盾，也就無法從根本上遏止生態環境的惡化態勢，[215]但在我們對於明代贛南山區開發所取得成效給予高度評價時，不能對山區開發所導致生態的破壞予以忽視。

四、圩田

在明代，江西地區人口密度增大，人均耕地減少，江西鄱陽湖區圩田普遍出現，圩田的修築超過前代。根據許懷林《明清鄱陽湖區的圩墾事業》一文的研究，明代江西圍墾的地區主要集中在南昌、新建、鄱陽、餘干、進賢等縣。許氏舉例說道，南昌縣：「南昌圩堤自明代已增至一百三十餘所……迨經傾圮，相緣請帑，官府患帑之弗克給，乃以載諸舊冊者為官修之圩，續增者為民修之圩……官圩共計八十九所……民圩共計二百二十六所。」[216]弘治十二年（1499）修築大有圩、富有圩，前後連接約長三十里，「江溢則閉以拒浸，湖濫則泄以平田，是膏腴之業也」，從而「成百餘年未成之功，除百餘年未除之災……小民歲無漲溢之憂，家有飽食之仰」；[217]萬恭在《牛尾閘碑》記曰：「西

---

215 李曉方：《明清時期贛南經濟作物的推廣種植與生態環境的變遷探析》，《農業考古》2007 年第 4 期。

216 民國《南昌縣志》卷六《河渠志中‧圩堤》。

217 （明）張元禎：《富大二圩碑記》，見同治《南昌縣志》卷三《建置志下‧圩堤》。

始石頭亭莊，東抵牛尾零，延袤四十里，北聯大浸入鄱湖，而南墾平田數千畝」[218]。另外，「豫章北陬，遡黃溪渡而下，巨浸衍為平沙，非三壤故疆。生齒日繁，則與水競利，奪而成壤，為圩者五，曰：余家塘、黃泥坽、雙坑圩、萬家塘、王甫港，皆若崇墉然。括內成田以數十萬，跨南、新二邑，屬之糧以萬計。下聯四十八圩，即五圩成，四十八圩皆壤也，即五圩敗，四十八圩皆魚也」[219]。新建縣：圩堤集中在濱臨鄱陽湖的新建，弘治十二年（1499）南昌府借賑饑之便，募民增築利順圩等四十九所；萬曆十四年（1586）水災過後，重築和新修圩堤計一百七十四所；萬曆三十五年（1607），再次發大水，再次重修圩堤一百一十六所，全長共計二十萬丈。鄱陽縣：以明朝洪武以後陂堤逐漸恢復，在成化年間修築有濠湖圩，弘治間有北湖圩、湯灣湖圩、郭溪圩等；另外，嘉靖年間維修加固的圩堤還有南湖圩、道汊湖圩、北湖圩、濠湖圩、西朗圩、郭溪圩、樟潭圩、湘嶺湖圩、畫湖圩、湯灣湖圩、清泥圩、孔目圩等十二所。餘干縣：許懷林先生引道光《餘干縣志》卷一九《藝文志》之李元光著《直指田公捐金築堤碑記》所載：萬曆以前，「圩堤二十四條，綿亙二百餘里，以防水患」[220]。進賢縣：明成化二年（1466）與餘干縣合

---

218 （明）萬恭：《牛尾閘碑》，乾隆《南昌府志》卷六〇。

219 （明）萬恭：《築五圩碑記》，見萬曆《新修南昌府志》卷二九《藝文》。

220 （明）李元光《直指田公捐金築堤碑記》，見道光《餘干縣志》卷一九《藝文・記》。

築有郭坪圩，弘治間築有梓溪圩、豐樂圩；萬曆十五年
（1587）、十六年（1588），修圩六條，萬曆三十六年（1608）重
新築圩八條。除此以外，建昌（明代設縣，今永修）、德安、德
化、星子、都昌、湖口等縣也有諸多的圩堤。

　　從以上論述來看，明代江西地區特別是贛北鄱陽湖區修築的
圩田，不僅數量繁多，而且規模也相當巨大。通過綜合比較宋明
兩代江西土地墾闢的大勢，我們可以明白，所有這些明代諸多圩
堤成果的取得，與宋代以來江西地區的土地墾闢模式有著十分密
切的聯繫。

　　單就山區土地開發而言，明代贛南山區的開發，主要是在大
批流民進入後得以展開的。根據曹樹基的研究，進入贛南山區的
流民來源主要是贛中、閩粵破產小農，後期亦有商人混雜其間；
粵北流民集中於毗鄰之贛南西北部，而閩南、粵東及贛中流民則
廣泛分佈于贛南各縣，正德後形成以閩南、粵東地區流民為主體
的流民運動；隨著流民的遷入，經濟作物的大規模種植開始出
現，明後期，流民開始大量種植經濟作物藍靛，成為贛南的出產
大宗，為清代贛南山區商品經濟格局奠定了基礎。[221]經過與贛
北山區開發的對照，曹樹基還指出，來自閩粵及其他地區的流民
不僅把大量勞動人口輸入到荒僻的贛北山區，而且還輸入了一系
列新作物、新品種和新技術，由此帶來山區經濟結構的新變化，

---

[221] 曹樹基：《明清時期的流民和贛南山區的開發》，《中國農史》1985 年
　　　第 4 期。

這與贛南的情況大體是一致的；不同之處在於，贛北山區終究未能形成類似贛南那樣規模宏大的經濟作物區：在贛東北，經濟作物有一定程度的發展，但面積小，產量低；在贛西北，明末一度出現流民大規模種麻葉的盛況不再，贛北山區因流民的徙入而興起了油茶、油桐為主的經濟林，雖面積小於贛南，但與贛南一道，構成了江西山區經濟林區的主要部分。[222]

地區經濟開發的意義，並不只是擴大了資源的利用和地區生產水準的提高，更重要的是，在邊疆地區開發過程中，原來生活封閉的社會之中，相互隔離，相互之間很少發生聯繫的人群，被整合到一個更大範圍的經濟體系和社會體系之中，原來封閉的小社會之間發生了更密切的聯繫，並在此基礎上與國家的系統聯繫起來。[223]故此，我們在考察明代贛南山區開發之時，也就有了更多的社會歷史內容值得我們去關注：明中期以後，隨著大量閩粵流民的進入，贛南經歷了一個人口增長與山區開發同時進行的過程；這一時期贛南山區活躍的流民運動，是和經濟作物的種植，商品經濟的發展，山區市場的發育同步發展、互為動力的。[224]曹樹基亦認為，流民運動使得贛南山區的商品流動變得

222 曹樹基：《明清時期的流民和贛北山區的開發》，《中國農史》1986 年第 2 期。

223 劉志偉：《在國家與社會之間——明清廣東裡甲賦役制度研究》，中山大學出版社，1997 年版，第 20 頁。

224 黃志繁：《地域社會變革與租佃關係——以 16-18 世紀贛南山區為中心》，《中國社會科學》2003 年第 6 期。

空前活躍，它不僅表現在大宗的農林產品銷往江浙、兩淮，甚至西北，而且表現為山區內部市場的活躍與興盛；如定南縣，明隆慶間因安撫流民設縣後，地方經濟繁榮，萬曆間始設二墟於流民聚集之下曆、大石壁、伯洪堡三處，這樣偏僻的小縣，表明山區經濟取得相當的進步。[225]亦如周琍、黎明香等所指出的那樣，閩粵流民進入贛南山區，加強了山區與外界的聯繫，山區交通閉塞，開發較晚，人口稀疏，經濟落後，流民進入山區後，山區人口密度明顯上升，人口分布由河谷盆地向山地，由海拔較低地區向較高地區延伸，為山區經濟開發提供了較為豐富的人力資源；這些移民的湧入，推動著贛南山區開發，社會的發展與變遷。[226]

第三節 ▶ 宋至明江西人口的增長

　　一般的說，如果一個區域人口較多，特別是官方控制的戶口較多，則意味著該區域開發已經到了一定的程度，也就是說戶口數位是衡量地區開發的重要指標。關於宋代至明代江西地區人口資料的復原、人口變化情況以及人口移動等方面的問題，許懷林、吳松弟、曹樹基等均作過深入地研究。本節即擬在前人研究基礎之上，從戶口統計數字入手，重點考察由宋至明長達六百八

---

225 曹樹基：《明清時期的流民和贛南山區的開發》，《中國農史》1985 年第 4 期。

226 周琍、黎明香：《明清贛南地區經濟作物的種植研究》，《農業考古》2010 年第 1 期。

十多年來江西地區人口增長的規模、變化歷程、人口流動，以及這一時期江西地區人口增長的制約因素等，進而理清宋至明江西人口的增長與江西地區開發的關係。

一、宋代江西地區的人口增長

吳松弟在《中國人口史》第三卷中指出：「歷史人口研究以資料為基礎，準確無誤的資料是研究的必要前提。……現存的北宋區域戶口資料，覆蓋全國範圍者，主要有《太平寰宇記》、《元豐九域志》和《宋史・地理志》等三種，此外，還有分別見於《宋史》諸本紀及《宋會要輯稿》等書中的北宋初平定各國時所得到戶數」，又說「由於《太平寰宇記》、《元豐九域志》和《宋史・地理志》登載各府州軍監同一標準時間的戶口，後人也得以瞭解北宋前、中、後三個時期全國各地的區域戶口狀況」[227]；至於南宋時的戶口資料，其時間和空間分配極不均衡，「雖然有十餘個年度的路級戶口，但這些資料均集中在高宗紹興二十九年（1149年）至寧宗嘉定十六年（1223年），缺少高宗建炎初年（1127年）至紹興二十八年（1158年）以及寧宗嘉定十六年以後各朝的戶口數，使得後人無從研究南宋初期和後期的人口狀況。」[228]南宋路級戶口資料的來源，主要有三：一是《宋會要輯

---

227 吳松弟：《中國人口史》第三卷《遼宋金元時期》，復旦大學出版社，2000 年版，第 116，137、138 頁。

228 吳松弟：《中國人口史》第三卷《遼宋金元時期》，復旦大學出版社，2000 年版，第 138 頁。

稿》中的資料，二是《文獻通考》中的資料，三是元初的資料。宋代的戶口調查統計系統，大致有丁賬、五等丁產簿、保甲簿、稅賬和賑濟時的戶口統計五種，宋代建立各個戶口統計系統的目的，並不是要達到真正意義上的人口統計，對於政府而言，只有承擔賦役的丁才具有意義需要列入統計；各個戶口統計系統不少內容也是相互重複的，常有「多頭統計的混雜」，「與賦稅有關的專案幾乎佔據了排他性的地位。」[229]儘管如此，只要我們把握以上各種資料的局限，明瞭各文獻統計口徑的差異，並適當結合正史典籍、地方志等文獻資料的分析比較，前面所述文獻中的資料，對於我們瞭解兩宋江西地區官方掌握的戶口增減變化同樣具有十分重要的意義。

1.北宋江西人口規模、分佈及其變動情況

根據現有的資料來看，隋唐五代到宋朝，江西人口一直處於較快增長時期，由於北人南遷以及人口的自然繁衍，江西人口數在宋代超過了以往任何時代，達到了歷史最高峰。據《舊唐書·地理志》、《新唐書·地理志》以及《宋史·地理志》所載，北宋崇甯元年（1102）江西的人口數為 4459547 人，為唐貞觀十三年（639）的十倍多、唐天寶元年（724）的兩倍多；到南宋嘉定十六年（1224），江西的戶口又增加了八十萬，是南宋時戶口增

---

229 參見吳松弟：《中國人口史》第三卷《遼宋金元時期》，復旦大學出版社，2000 年版，第 24 頁；葛劍雄：《中國人口發展史》，福建人民出版社，1991 年版，第 51、53、54 頁。

殖幅度較大的一個地區。[230]

　　許懷林在《江西通史·北宋卷》中充分利用各種北宋歷朝戶口統計資料，統計出了從太宗、神宗到徽宗三代江西十三州軍的戶口數據。[231]如表 2-5 所示：

表 2-5　北宋江西地區十三州軍戶口統計

時間\州軍	太平興國（980—989）			元豐元年（1078）			崇寧元年（1102）	
	主戶	客戶	戶數	主戶	客戶	戶數	戶數	口數
洪州	72350	31128	103478	180760	75474	256234	261105	532446
筠州	29369	16933	46328	36134	43457	79591	111421	204564
饒州	22850	23112	45917	153605	34590	188195	181300	336845
信州	28199	12486	40685	109410	23207	132617	154364	334097
虔州	67810	17336	85146	81621	16509	98130	272432	702127
袁州	44800	34903	79703	79207	50477	129684	132299	324353
吉州	58673	67780	126453	130767	142630	273397	335710	957256
撫州	—	—	61279	93915	61921	155836	161480	373652
江州	12319	12045	24364	75888	19496	95384	84569	138590
建昌軍	11002	7845	18847	89582	25626	115208	112877	185036
南康軍	14642	12306	26948	55527	14969	70496	70615	112343
南安軍	—	—	—	34024	1775	35799	37721	55582
臨江軍	—	—	—	68286	21111	89397	91699	202656
合計	392636	235874	659149	1188726	351241	1719968	2007602	4459547

---

230 劉清榮：《宋代江西農業的進步及原因分析》，《江西社會科學》2006 年第 2 期。

231 許懷林：《江西通史·北宋卷》，江西人民出版社，2008 年，第 36、37 頁。

資料來源：太平興國資料《太平寰宇記》卷一百零六至一百一十一；元豐數據《元豐九域志》卷六；崇寧資料《宋史》卷八十八《地理四》。許懷林：《江西通史·北宋卷》，《表 2.2　北宋江西地區戶口統計表》，江西人民出版社，2008 年版，第 36、37 頁。

　　表 2-5 是在許懷林《江西通史·北宋卷》基礎上繪製而成的，所不同之處在於，筆者將原表第三欄欄位名「元豐三年（1080）」修訂成了「元豐元年（1078）」。這樣修改的依據是吳松弟教授在《中國人口史》第三卷《遼宋金元時期》中對《元豐九域志》記載人口資料所作的分析和考訂。[232]《元豐九域志》成書於神宗元豐三年（1080），但書中仍可見到四年（1081）以後直至八年（1085）的政區設置資料，實際頒行在哲宗元祐元年（1086）。根據吳松弟的研究，《元豐九域志》作為宋代地理總志之一種，其所依據的戶口資料來自逢閏年上報兵部職方的閏年圖，因而戶口的系年應是某一閏年；查元豐元年和三年均屬於閏年，且此兩年度的戶數亦是一千六百餘萬（徐閎中提到的《元豐九域志》所載的主客戶數），《元豐九域志》的戶口年代應是此兩年度中的某年，而不是平年的元豐二年（1079）；考慮到書成於元豐三年九月，不可能反映當年的戶口狀況，其戶口繫年應定在元年。許懷林認為元豐人口資料標準時間為元豐三年，可能就

---

[232] 吳松弟：《中國人口史》第三卷《遼宋金元時期》，復旦大學出版社，2000 年版，第 118 頁。

是受《元豐九域志》成書年份的影響。

　　儘管如此，許懷林在這一年份的失誤並不影響我們分析從太平興國到崇寧間江西十三州軍人口規模的變化情況的瞭解。根據表 2-5 所提供的資料，我們可以繪製北宋江西各州軍戶數增長折線圖，如圖 2.4：

圖 2.4　北宋江西各州軍戶數變化折線圖

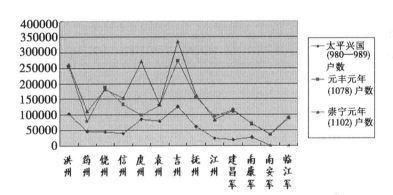

　　資料來源與說明：參照本節表 2-5「北宋江西地區十三州軍戶口統計」資料繪製而成。其中，南安軍、臨江軍在太平興國間尚未置立，故顯示戶數為 0。

　　圖 2.4 清晰直觀地反映了從太平興國到崇寧間江西各州軍戶數的實際變化情況。事實上，圍繞表 2-5 的諸多資料，許懷林亦曾對北宋人口增長規模、在全國總人口的比重、十三州軍人口分

布以及戶與口不協調問題作出了自己的分析和解釋。[233]從北宋初年到崇寧間，江西人口按戶數比較，元豐比宋初增長一百〇六萬戶。崇寧比元豐增長二十八萬餘戶，比宋初則增加一百三十四萬餘戶，是宋初的三倍多；就十三州軍自身比較，戶數最多的前五名，宋初為吉、洪、虔、袁、筠州，其中太平興國間超過萬戶的有洪、筠、袁、吉、撫、建昌六州軍，超過五千戶的有饒、信、虔、南康四州軍，而低於五千戶的只有江州，元豐時則為吉、洪、饒、撫、信州居前，虔州變為第九，袁州退居第六，筠州為第十一名，而崇寧時又變為吉、虔、洪、饒、撫州居前，信州退居第六，袁州降為第七，筠州為第九名；贛江中下游地區的吉州、洪州一帶，始終是人口最密集的，而贛東的饒、信、撫州一片，是人口第二多的地方。許懷林的這些描述，基本能與圖2.4所繪折線圖相對應起來，故此不另贅述。

　　然而，筆者注意到，許懷林在分析虔州戶數變化曲線的情況時還指出：「虔州的戶口曲線很有研究價值，宋初它在江西居第三位，元豐時跌到第九位，崇寧時躍居第二位，如此大幅度起落的原因是什麼，還沒有找到答案。」[234]實際上，戶口資料的反常增減，不外乎是統計口徑的變化、統計資料傳抄的失誤、政區的調整，抑或是大量未著籍的流民的產生或進入當地著籍等因素所

---

233 許懷林：《江西通史・北宋卷》，江西人民出版社，2008 年版，第36—49頁。

234 許懷林：《江西通史・北宋卷》，江西人民出版社，2008 年版，第37頁。

造成的。宋初虔州的地域面積大約占現今江西省境面積的三分之一左右，戶口數量居於前列不難理解；淳化元年（990）南安軍建立，元豐時的虔州面積已大為縮小，如果加上此時南安軍的戶數，虔州在江西地區的排名則要提前到第五名，在整個江西地區仍屬前列，並不存在像許氏所描述的起落幅度巨大。崇寧間虔州戶數猛增十七萬四千多，一躍排名江西第二位，南安軍從元豐時的三萬五千多到崇寧間的三萬七千多，增幅不大，整個贛南地區的戶數的增加實際主要是由虔州貢獻出來的。

值得引起注意的是，北宋時期的虔州、南安軍城鄉，還處在地廣人稀、大山長谷的荒僻狀態，等待開墾與可以墾種的潛力非常大；另一方面，虔州山深林密，界連閩廣湘贛四省，北宋時正是食鹽武裝走私嚴重地區，官府的控制力度有限，因而是避役逃民最便於隱身之地，這些逃民往往可能不被統計到。[235]

基於政區範圍變動這一層面，筆者以為，許氏按每縣平均戶口數來分析各州軍人口分布的嘗試尚存可商榷之處。正如許先生自己所指出的那樣，「這種平均數不同於按國土面積折算人口密度，從開發的深廣程度上比較，每縣平均數不如人口密度準確」[236]，各縣面積不一，勢必對縣均戶數產生影響；加上宋代江西地區各州軍所轄縣數目極不平衡，多時達十三個，少的只有

---

235 許懷林：《江西通史·北宋卷》，江西人民出版社，2008 年版，第 44 頁。

236 許懷林：《江西通史·北宋卷》，江西人民出版社，2008 年版，第 42 頁。

一個，這樣很難反映各區戶數增長的一般規律。仍以虔州為例，宋初虔州為分立南安軍時為十三縣，其平均每縣戶數為 6549.6，元豐時南安軍早已設立，虔州縣均戶數降為 9913，較南安軍的 11933 為低，但如果合併兩州軍計算的話，贛南縣均戶數為 10302.2，雖然變化不大，但差異還是十分明顯的；[237]北宋一代虔州在江西戶數在江西各州軍中居前茅，但如參照以上分析標準，太平興國、元豐虔州（含南安軍）縣均戶數並沒有明顯優勢。

　　值得引起重視的是，吳松弟從全域出發，以單位面積中的戶數為主體，考察了北宋江西戶口密度以及將其與其他地區的比較應該引起我們的注意。[238]根據吳松弟的研究，太平興國年間，江西地區總戶數約有六十八萬餘戶，人口密度每平方公里四點三戶，兩者均居全國第四位；元豐元年（1078）和崇寧元年（1102）分別有戶一百七十七萬餘和兩百〇七萬餘，已上升至全國第三位，僅次於四川和江南；而人口密度分別為十一點二戶和十三點一戶，前者居全國第三位，後者則已上升至第二位，已成為全國人口比較密集的區域。本章第一節所述江西諸多政區在這一時期得以設立或復置以及大量墾闢平原耕地、梯田和畬田的利用以及圩田的修築等，某種程度上亦是戶口增多的一個側面反

---

237 許懷林：《江西通史・北宋卷》，江西人民出版社，2008 年版，第 43 頁。

238 吳松弟：《中國人口史》第三卷《遼宋金元時期》，復旦大學出版社，2000 年版，第 488、489 頁。

映。

　　唐後期，江西地區得到顯著的開發，人口數量有了一定的增
長，故而白居易稱讚江西地區道：「江西七郡，列邑數十，土沃
人庶，今之奧區，財賦孔殷，國用所係」[239]。黃玫茵在《唐代
江西地區的開發研究》中對唐代江西地區人口增長進行學術史回
顧時指出，唐代江西地區戶口數的增加是學術界承認的事實，從
唐朝後期至宋初全國戶口普遍減少，江西地區反而上升；戶口激
增的原因是北人大量南遷的影響，但牟發松主張移民只是短期性
促成人口增加，江西地區自身人口發展條件成熟才是主因，故其
增加趨勢能一直持續到宋代。[240]

　　北宋時期的穩步發展，使得江西的人口數量又有了較大的提
高。顯德八年（961），南唐將都城遷到洪州（今南昌市），雖然
不久都城又返遷金陵，但仍有許多人滯留江西不歸；此外，北宋
開寶八年（975），宋軍佔領金陵，又導致了諸多移民進入江西，
除江州的人口因戰爭數萬人被殺外，江西總的情況仍是絕大部分
府州的人口繼續增長。

　　太平興國五年（984）至元豐元年（1078），江西的戶年平
均增長率為九點四 ，居各區域第八位元；元豐元年至崇寧元年
（1102）年平均增長率為六點五 ，在各區域的序次中有所提高，

239　（唐）白居易：《除裴堪江西觀察使制》，《全唐文》卷六六一。

240　黃玫茵：《唐代江西地區的開發研究》，臺灣大學出版委員會，1996
　　年版，第4、5頁。

居第四位，主要是由於湖南、兩廣、江南等區域增長率放慢造成的。吳松弟認為，在北宋的前期和中期，江西的增長率不如其他地區高，但當元豐以後其他區域的增長速度顯著放緩時，江西卻下降有限；如果說江南以早期戶口增長率極高、此後放緩為北宋人口發展的主要特點的話，江西卻是以人口的自始至終不緊不慢的增長為特點，北宋江西地區人口增長的這種情況不僅體現在太平興國至元豐、元豐至崇寧這兩個較長時段，也體現在大中祥符四年（1011）前後的不同時期。接著吳氏又舉例撫州、袁州和贛州三個地區人口增長的情況對此加以論證，具體資料清單 2-6 如下[241]：

表 2-6　太平興國至元豐元年撫、袁、贛戶數與年平均增長率

政區	戶數（A）	戶數（B）	戶數（C）	年均增長率（‰）	
撫州	太平興國間	大中祥符四年	元豐元年	A—B	B—C
	61279	92332	155836	12.9	7.8
袁州	太平興國間	大中祥符四年	元豐元年	A—B	B—C
	79703	85003	129684	6.3	0.8
贛州	太平興國間	淳化中	元豐元年	A—B	B—C
	85146	98132	98130	11.9	0

資料來源和說明：戶數（A）和戶數（C）均據表 2-5，戶數（B）

---

241 吳松弟：《中國人口史》第三卷《遼宋金元時期》，復旦大學出版社，2000 年版，第 487、488 頁。

分別據弘治《撫州府志》卷一二、正德《袁州府志》卷二與嘉靖《贛州府志》卷四；吳松弟：《中國人口史》第三卷《遼宋金元時期》，復旦大學出版社，2000年版，第488頁。太平興國間贛州戶數含後來析出的南安軍之地即大庾縣、上猶縣、南康縣的戶數，如果減去這些縣份的戶數，贛州從太平興國至淳化中的年均戶數增長率則當更高，為計算方便，暫不作區分。

　　吳松弟據表2-6資料指出，三州在太平興國至大中祥符或淳化間的戶年均增長率均較高，此後至元豐元年（1078）儘管贛州戶數略有下降的原因值得探討，但袁州仍在增長，撫州甚至還能保持千分之七點八的高增長率。吳氏的貢獻在於，他不僅考察了北宋江西人口增長在全國各地區人口增長變化中所處的地位，還關注了江西數個典型州郡的戶年均增長率問題；不僅如此，他的研究還涉及大中祥符前後數個典型州軍戶口變化情況，並將之與太平興國與元豐間戶數比較，得出這些州郡各階段的戶年均增長率，為討論太平興國至元豐，甚至崇寧間戶數變化和戶均增長率增加了時間節點，便於我們瞭解北宋各個時期江西戶數增長的情況。

2. 南宋江西地區的人口演變

　　南宋初期，頻繁的戰亂一度中斷了江西戶口迅猛增長的勢頭，特別是江西北部地區，人口損失的州軍要比南半部厲害得多，導致這一區域社會經濟的殘破不堪。恰如南宋李綱所指出的那樣，「自兵火殘破之後，又經旱災，人戶凋耗，雖去年稍得豐稔，人戶未盡歸業，田土荒廢尚多，謂如洪州分寧、奉新等縣，

人戶所存才有十之三四，其餘縣分號為多處，不過十分之六七，通一路計之，多寡相補，才及承平之半」[242]。江州因為遭受金兵和李成流寇的大肆殺戮，至紹興間其地戶口仍「十損七八」[243]；洪州於建炎三年（1129）遭受金兵屠城，「殺城中老小七萬餘人」[244]，直至紹興末年「始復太平之舊」[245]。根據吳松弟的研究，南宋初年江西北部江州人口損失為最，而洪州經過金兵的屠城，以致崇寧至隆興元年（1163）的年均增長率為千分之〇點三，表明經過戰後二十餘年的恢復，人口數量才達到北宋後期的水準；與此同時，撫州—臨江軍一線以南地區戰爭期間人口有一定的增加，特別是贛州地區，從崇寧到紹興年間的年均增長率甚至高達千分之十二。紹興三十二年（1162），江西全區有近二百一十四萬戶，略多於崇寧元年（1102）的兩百〇七萬餘，期間的年平均增長率不過千分之〇點五。[246]紹興和議之後，江西地區遭受的戰亂相對較少，社會亦相對較為穩定，伴隨著大量北

---

[242] （宋）李綱：《梁溪集》卷九六《准省札催諸州軍起發大軍米奏狀》，《文淵閣四庫全書》本。

[243] （宋）李心傳：《建炎以來系年要錄》卷八七，紹興五年（1135）三月丁醜。

[244] （宋）趙鼎：《忠正德文集》卷七《建炎筆錄》，《文淵閣四庫全書》本。

[245] （宋）曾豐：《緣督集》卷一七《隆興府纂修圖經序》，《文淵閣四庫全書》本。

[246] 吳松弟：《中國人口史》第三卷《遼宋金元時期》，復旦大學出版社，2000年版，第490—492頁。

方人口的南遷，以此為契機，江西又迎來了一次人口大幅增長的高峰。

　　一般認為，南宋期間的戶口統計，只有各路的資料，沒有各州軍的分計數，難以分析比較江西各地的人口水準，同時也不能從江南東路剝離出饒州、信州、南康軍以及從江西西路中區分興國軍的戶口以精確地計算江西十三州軍的戶口總數。[247]建立在這樣的認識上，許懷林將紹興三十二年（1162）、嘉定十六年（1223）的「江南西路」的戶口數抄出，進而與全國其他各路作了數量、增長率和人口密度上之比較，儘管略顯粗略，但可反映南宋期間「江南西路」人口發展大勢。[248]根據許氏的論證，江南西路的戶口與江南東路相比，戶口數明顯更多，大約是其兩倍，在與兩浙路、荊湖北路、荊湖南路、福建路、成都府路五路的比較中，江南西路紹興時僅次於兩浙路，而到嘉定時則高居首位；從南宋前期發展到中後期，江西人口上升迅猛，高居諸路之冠，江西人口發展趨勢在南宋時期的發展趨勢和絕對數量明顯處於領先地位，是全國的重心所在。

　　臺灣學者梁庚堯十分重視地方志人口資料的利用，在梁氏的《南宋農村經濟》一書中，作者通過諸多地方志對江西各地不同時期的戶口資料和戶年均增長率都有較好地把握。[249]茲據梁氏

247 許懷林：《江西通史‧南宋卷》，江西人民出版社，2009 年版，第167 頁。

248 許懷林：《江西通史‧南宋卷》，江西人民出版社，2009 年版，第167—170 頁。

249 梁庚堯：《南宋的農村經濟》，新星出版社，2006 年版。

所列「南宋官方例行戶口記載每戶平均口（丁）數」一表抽出江西的資料，製成表 2-7 如下：

表 2-7南宋江西官方例行戶口數量及戶均口（丁）數

地區	年代	戶數	口（丁）數	平均數	資料來源
婺源縣	嘉定（1208-1224）	44432	55932	1.26	弘治《徽州府志》卷二《食貨志·戶口》
隆興府	孝宗間（1163-1189）	208863	601069	2.88	同治《南昌府志》卷一五《賦役志·戶口》
南昌縣	孝宗間	42327	10684	2.40	
新建縣	孝宗間	25302	149018	5.89	
豐城縣	孝宗間	58365	124481	2.13	
進賢縣	孝宗間	21310	26130	1.23	
奉新縣	孝宗間	9840	27747	2.82	
靖安縣	孝宗間	4229	24878	5.88	同治《南昌府志》卷一五《賦役志·戶口》
武寧縣	孝宗間	31230	116949	3.74	
分寧縣	孝宗間	14813	20677	1.40	
廬陵縣	淳熙（1174-1189）	152086	（丁）387092	2.55	康熙《廬山縣志》卷八《戶賦志》
	嘉泰（1201-1204）	154500	（丁）384230	2.49	
龍泉縣	淳熙	30738	（丁）47556	1.55	光緒《吉安府志》卷一五《賦役志》
安福縣	嘉泰	112785	（丁）17234	1.04	
泰和縣	淳熙	69000	130000	1.88	
	嘉泰	70000	150000	2.14	

續上表

地區	年代	戶數	口（丁）數	平均數	資料來源
撫州	淳熙三年（1176）	215822	（丁）524474	2.43	雍正《撫州府志》卷一○《版籍考》
	景定（1260-1264）	247320	557479	2.25	
萬載縣	嘉定十三年（1220）	31823	（丁）48078	1.51	民國《萬載縣志》卷四之二《食貨志·戶口》引《嘉定志》
萍鄉縣	嘉定十三年	35459	（丁）66400	1.87	同治《萍鄉縣志》卷二《食貨志·戶口》
臨江軍	咸淳五年（1269）	100964	216351	2.14	乾隆《清江縣志》卷七《賦役志》
新淦縣	咸淳五年	43700	88625	2.03	
新喻縣	咸淳五年	39921	76741	1.92	
清江縣	咸淳五年	17343	50985	2.94	
贛州	淳熙	293344	519320	1.77	嘉靖《贛州府志》卷四《食貨志·戶口》
	寶慶（1225-1227）	321356	639394	1.99	

　　資料來源：參見梁庚堯：《南宋的鄉村經濟》第 1 章《南宋農村的戶口概況》之「表五、南宋官方例行戶口記載每戶平均口（丁）數」，新星出版社，2006 年版，第 43、44 頁。

　　從表 2-7 可以看出，梁庚堯較為重視的是表中江西分地區每戶平均人數，大量的實證資料顯示，大部分戶均人口是一人多或兩人多，唯獨孝宗時隆興府新建縣、靖安縣每戶平均在四口（丁）以上，六人以下；為了對這種戶均口數偏低現象作出合理

解釋，梁氏分別檢討了漏口說、詭戶說及丁口說（下文將展開進一步討論）。此處筆者更為關注的是南宋時期江西各地區戶數增長變化情況，雖然不是所有的州軍縣政區單位，但較以整個江南西路概而言之，明顯更為細化。從表 2-7 可作進一步推測，南宋時期江西戶口最多的當屬吉州、撫州、贛州和隆興府，吉州單盧陵縣、安福縣、泰和縣在嘉泰時就已達三十三萬餘戶，居江西各區之首。南宋時期贛州戶口開始快速增長，根據曹樹基的研究，南宋贛南人口又明顯的增長，特別是紹興至淳熙，人口增長率達到了百分之二十四點五，據曹氏推測，人口增長速度之快，是因為外來移民所致。[250]筆者以為，他估計南宋贛南有外來人口約八十七萬，超過了土著人口，如果真是這樣，如此之多的外來人口湧入贛南，必然會帶來移民安置問題，但就目前筆者所掌握的資料而言，並未看到任何相關移民的討論，故此，也許不能把南宋贛南人口的大量增長完全歸因於外來移民的進入；其實，動亂平定後，大量原來政府沒有控制的人口納入政府登記，同樣也可以表現為戶口的快速增長。兩宋之際，贛南動亂頻繁，南宋中後期，動亂逐漸平復，此時，很有可能很多原來沒有納入官方統治範圍的人口登記入籍，從而導致了人口的快速增長。[251]

　　事實上，要瞭解南宋時期江西各地區戶口增長情況的全貌，

---

250 曹樹基：《贛、閩、粵三省毗鄰地區的時候變動和客家形成》，《歷史地理》第 14 輯，上海人民出版社，1997 年版。

251 黃志繁：《「賊」「民」之間：12-18 世紀贛南地域社會》，三聯書店，2006 年版，第 73 頁。

單靠一連串的排列資料是無法做到的，還應綜合比較相同地區早些時期的戶口資料，通過這兩個時間節點，計算出該區的年均增長率。吳松弟即已經在其研究中做了這樣的工作，吳氏在《中國人口史》第三卷《遼宋金元時期》中製成江西部分府州軍縣南宋、元戶年均增長率表 2-8 如下：

表 2-8　南宋、元代江西部分府州軍縣戶年平均增長率

府州軍縣	時期	戶年均增長率（‰）
洪州豐城縣	淳祐七年至至元二十六年（1247-1289）	0.4
撫州	崇寧元年至淳熙三年（1102-1176）	3.9
	淳熙三年至景定三年（1176-1262）	1.6
	景定三年至至元二十七年（1262-1290）	-4.4
建昌軍	崇寧元年至紹興八年（1102-1138）	6.0
	紹興八年至慶元三年（1138-1197）	-4.0
	慶元三年至開慶元年（1197-1259）	6.8
	開慶元年至至元二十七年（1259-1290）	-11.0
臨江軍	崇寧元年至隆興元年（1102-1163）	0.3
	隆興元年至咸淳五年（1163-1269）	1.0
	咸淳五年至至元二十七年（1269-1290）	22.0
贛州	崇寧元年至紹興十六年（1102-1146）	-18.0
	紹興十六年至淳熙八年（1146-1181）	25.6
	淳熙八年至寶慶二年（1181-1226）	2.0
	寶慶二年至至元二十七年（1226-1290）	-23.0

續上表

府州軍縣	時期	戶年均增長率（‰）
筠州	崇寧元年至寶慶二年（1102-1226）	-1.6
	寶慶二年至至元二十七年（1226-1290）	7.3
	至元二十七年至至治元年（1226-1321）	0.8
信州	崇寧元年至紹熙二年（1102-1191）	3.0

資料來源：吳松弟：《中國人口史》第三卷《遼宋金元時期》，第 11 章《南方各區域人口的發展過程（上）》之「表 11-8、江西部分府州軍縣南宋、元的戶年平均增長率」，第 491 頁。

與梁庚堯的研究路徑相似，吳松弟《中國人口史》第三卷《遼宋金元時期》對明清江西地方志書如正德《瑞州府志》、光緒《江西通志》所載南宋、元代戶數情況得出江西部分地區南宋、元時的戶年均增長率情況。吳氏據表 2-8 認為，北宋後期崇寧元年（1102）至南宋中期，撫州的增長率為 3.9‰、臨江軍為 0.3‰、筠州的是 -1.6‰ 以及信州的 3‰，這些府州均位於兩宋之際人口嚴重下降的江西北部，紹興以來人口恢復和發展起點不高，因此這一時期的實際增長率應高一些；而贛州紹興至淳熙年均增長率為 25.6‰，淳熙至寶慶為 2‰；儘管如此，綜合各區的人口增長率比較，南宋中期江西有著不低的增長率，紹興三十二年至嘉定十六年江西的戶年均增長率為 3.7‰，應大致符合實際情況。另外，此表還有三個大致從南宋中期到後期的資料，它們是撫州的 1.6‰、臨江軍的 1‰ 和建昌軍的 6.8‰，建昌軍的慶元戶數可能有誤，如果不計建昌軍，其他兩個資料在 1‰-2‰ 之

間，據此看來，南宋後期江西人口仍在增長，但增長率已顯著放緩。[252]

3. 兩宋時期江西戶口實質及人口增長原因

宋代的戶籍，將住戶劃分為主戶與客戶。細心的讀者會發現，前面所論宋代人口及其變化情況，北宋除了崇寧元年（1102）提供了人口資料外，其餘均列出主、客戶數和主客總戶數。據表 2-5 看來，太平興國江西客戶總數為 235874，占總戶數的 39.45%，元豐元年（1078）客戶總數為 351241，占主客總戶數的 30.88%，整體下降了約六個百分點。具體到兩宋時期各個地區的客戶數占總戶數比例情況，許懷林、梁庚堯對此均有較為細緻地統計，如表 2-9、表 2-10 所示：

表 2-9　北宋江西十三州軍客戶數比重變化

州軍	客戶數比例（%）		州軍	客戶數比例（%）		州軍	客戶數比例（%）	
	太平興國	元豐		太平興國	元豐		太平興國	元豐
洪州	30.0	29.4	袁州	43.7	38.9	南康軍	45.6	21.2
饒州	50.3	18.3	撫州	-	39.7	臨江軍		23.6
虔州	20.0	16.8	信州	30.6	17.5	南安軍		4.9
吉州	53.6	52.1	筠州	36.5	54.6			
江州	49.4	20.4	建昌軍	41.6	22.2	合計	39.5	30.8

資料來源：百分率依據表 2-6 統計資料計算得出，參見許懷林：《江西通史‧北宋卷》，第 53 頁。

---

252 吳松弟：《中國人口史》第三卷《遼宋金元時期》，復旦大學出版社，2000 年版，第 492、493 頁。

表 2-10　南宋江西部分地區總戶數、客戶數及其比率

地區	年代	總戶數	客戶數	百分率	資料來源
婺源縣	乾道八年（1172）	42864	909	2.12	淳熙《新安志》卷五，婺源戶口條。
廬陵縣	淳熙（1174-1189）	151933	62536	41.16	康熙《廬山縣志》卷八《戶賦志》。
	嘉泰（1201-1204）	154500	71780	46.50	康熙《廬山縣志》卷八《戶賦志》。
龍泉縣	淳熙（1174-1189）	30738	16156	52.56	光緒《吉安府志》卷一五《賦役志》。
撫州	嘉定（1208-1224）	247321	76290	30.85	光緒《撫州府志》卷一四《建置志》。
萍鄉縣	嘉定十三年（1220）	35459	12563	35.43	同治《萍鄉縣志》卷三《食貨志》。
萬載縣	嘉定十三年（1220）	31223	15266	48.89	民國《萬載縣志》卷四之二《食貨志·戶口》引《嘉定志》。
贛州	紹興（1131-1162）	120985	49715	41.09	嘉靖《贛州府志》卷四《食貨志·戶口》。
	淳熙（1174-1189）	293344	34919	11.90	嘉靖《贛州府志》卷四《食貨志·戶口》。
	寶慶（1225-1227）	321356	33476	10.43	嘉靖《贛州府志》卷四《食貨志·戶口》。

　　資料來源：參見梁庚堯：《南宋的鄉村經濟》第 1 章《南宋農村的戶口概況》之「表二、南宋郡縣客戶數及其比率」，新星出版社，2006 年版，第 19、20 頁。

由表 2-9、表 2-10 可知，兩宋時期各地的主、客戶數比例高低極不平衡，相差極大，除筠州和廬陵縣不減反增的例外情況外，其他丘陵山區的州軍如虔州、南安軍、信州、饒州、江州、南康軍、建昌軍等處客戶數比重相對較小，下降幅度也大，人口密集的平原地區如洪州、吉州、袁州等地下降幅度稍弱。以虔州和撫州為例，虔州從北宋太平興國的 20% 下降至 16.8%，再到南宋紹興的陡然增加，達到了 41.89%，淳熙間又迅速下滑到11.9% 以及寶慶間的 10.43%，這一系列資料提示我們，贛州地區的客戶數于北宋即已呈現下降趨勢，南宋紹興間陡然增加，反映田產集中於少數的主戶手中，大量民戶只能充當佃農身份；由於贛南地區地廣山深，諸多客戶于淳熙、寶慶後比率很快又回降至 10% 左右的水準。再如撫州的情況，從元豐的 39.7% 變成嘉定間的 30.85%，下降了約九個百分點。結合主客戶擁有土地的情況來看，客戶的減少，說明佔有土地的民戶增多，一定程度上反映了江西廣大丘陵、山區地帶得到較深入地開發。

　　一般認為，主、客戶的區分主要以是否繳納常賦為依據，主戶繳納常賦，客戶則否；由此引申而以有無常產為標準，主戶即稅戶，擁有常產，客戶則無常產，猶若僑寄，亦謂之僑寓，因無田產，客戶多租佃他人土地或為人傭作以謀生。[253] 許懷林的《江西通史・北宋卷》基本繼承了這一看法，認為客戶就是無地而不

253 梁庚堯：《南宋的農村經濟》，新星出版社，2006 年版，第 16、17頁。

納稅的「僑寓」者，其中又大多是傭作佃耕的佃農、佃戶；在這樣的一種預設之下，許氏又無法解釋宋代官方戶口統計資料中為何客戶與主戶同時並列出現，「戶數統計只需登錄主戶，無需考慮無地而不納稅的客戶。……戶口資料中恰有比較詳備的客戶資料，官府掌握客戶多寡的目的何在？難道是因其有上升為主戶的可能？」[254]

梁方仲據歐陽修于康定元年（1040）論及全國一般的情形：「今大率一〔主〕戶之田及百頃者，養客數十家；其間用主牛而出己力者，用己牛而視主田以分利者，不過十餘戶；其餘皆出產租而僑居者曰浮客，而有畬田」[255]，指出在客戶之中，浮客的數目比雇農、佃農還多，他們和主戶的關係，是出產租（注意非「佃租」）而取得僑居和主從的依附關係，自己則從事墾荒，畬田熟後便為己有；接著又據呂大均《宋文鑒》卷一〇六之《民議》記載：「保民之要，在於存蓄主戶；又招誘客戶，使之置田以為主戶」，認為主戶和客戶是可以相互轉化的。[256]事實確實如此，據《宋史》記載：「舊制，縣吏能招增戶口者，縣即升等，乃加起俸；至有析客戶為主戶者，雖登於籍，而賦稅無所增。四

---

254 許懷林：《江西通史‧北宋卷》，江西人民出版社，2008 年版，第 51 頁。

255 （宋）歐陽修：《居士外集》卷九《原弊》。

256 梁方仲編著：《中國歷代戶口、田地、田賦統計》，《梁方仲文集》，中華書局，2008 年版，第 182-185 頁。

年，詔禁之」[257]。但吳松弟據此條史料分析道：「朝廷許可載入戶籍的是能夠交納賦稅的主戶，而不是客戶，故此詔令還可理解為『只有主戶才能入籍，客戶不入籍』；……陳智超從縣的級別升等的角度進行了分析，他認為縣官的俸祿決定於縣的等級，而縣的等級決定於縣的戶數，而所謂的戶數僅指主戶。」接著又指出：「宋代決定州縣等第升降的標準可能不是人口總數的增減，而是列於五等丁產簿上主戶的增加狀況；由於主戶要寫入五等丁產簿從而負擔賦稅和職役，一些缺少勞動力的府州往往將可以數年不入簿作為吸收外來移民的優惠條件。」[258]戶口的增減作為官員的考成和州縣等第升降的一項指標，除了直接向官府交稅的主戶的增加外，客戶的招徠自然也應是一項重要參考依據，從這個角度出發，或許可以幫助我們更好地理解宋代主、客戶平行列出之緣由。

再來看表 2-5、表 2-7 所載官方提供的冊載口數的實質，兩宋時期江西地區人口資料所顯示的每戶人數大部分都是口數，只有一小部分是丁數，而且每戶平均口數只有一人多或兩人多，以崇寧資料為例，江西平均每戶二點二二口，各州軍如較高者吉州、虔州，也只有二點八七口和二點五九口。為了解釋此問題，

---

257 （元）脫脫等：《宋史》卷一百七十四，志第一百二十七，《食貨上二 · 賦稅》。

258 吳松弟：《中國人口史》第三卷《遼宋金元時期》，復旦大學出版社，2000 年版，第 36、37 頁。

學界提出了三種不同的解釋[259]：

其一，漏口說。宋代大部分地區的人民都要負擔丁錢的賦稅，這種按丁取稅的方法顯然對丁多戶大不利，故有部分人民為了逃避這一項負擔而隱匿丁口而導致口數記載較實際為少的情況。如呂祖謙在《歷代制度詳說》中就記載道：

> 大抵賦役之法，其根本一見於戶籍、丁數，若戶籍、丁產不定，雖有良法美意，亦無自而行……國朝丁齒，太平興國九年江浙湖嶺令人戶以二十成丁，六十入老。[260]

呂祖謙所論指出了一個基本事實，那就是官府為了徵收賦稅，只統計丁口，不計較人數。這種情況不獨江西為然，如南宋時的江浙、四川地區亦復如是，「今浙中戶口率以十戶為十五口有奇，蜀中戶口率以十戶為三十口弱，蜀人生齒非盛於東南，意者蜀中無丁賦，故漏口少爾」[261]。梁庚堯通過考察浙江湖州的例子後指出，在政府時時調查的措施之下，除非生子不舉，經常隱匿丁口往往不易，漏口只是助長了官方記載戶多口少的現象，

259 梁庚堯：《南宋的農村經濟》，新星出版社，2006 年版，第 48-58 頁；以及許懷林：《江西通史・北宋卷》，江西人民出版社，2008 年版，第 46-49 頁。

260 （宋）呂祖謙：《歷代制度詳說》卷三《賦役》，《文淵閣四庫全書》本。

261 （宋）李心傳：《建炎以來朝野雜記》甲集卷一七《本朝視漢唐戶多丁少之弊》。

而非這一現象的基本動因。

　　其二，詭戶說。宋代的賦役實行「推排物力，以戶定等」的政策，按財產和勞力多少劃定每戶的等級，然後按戶等確定該納的稅役。民戶為了減輕負擔，往往傾向於將財產分立許多戶，以求降低戶等，這種民戶官方稱之為詭戶或詭名挾戶。如據《宋會要輯稿》載紹興十五年（1145）二月十日王鈇所言：「比來有力之家，規避差役科敷，多將田產分作詭名挾戶。」[262]又如李心傳《建炎以來朝野雜記》記載：「自本朝元豐至紹興戶口，率以十戶為二十一口，以一家止於兩口，則是無理，蓋詭名子戶漏口者眾也。」[263]和漏口說一樣，均是為了逃避賦役而少報口數的行為，只是詭戶把活動的主體轉移到了戶等上面而已；詭戶同樣只是助長了官方統計戶口失調的現象的重要因素之一。

　　其三，丁口說。在關於宋代的史籍上，「丁口」與「人口」經常混用，且宋政府所採取的戶口統計原則又是「諸州歲所奏戶帳，其丁口男夫二十為丁，六十為老，女口不須通堪」[264]，造成宋代戶口比例嚴重失調、丁與口並用的錯雜情況。梁庚堯指出，宋代戶口資料中的「口」，可有廣義和狹義二層意思，廣義的口包含男女口在內，狹義的口僅僅指男口，包括成丁和不成

262　（清）徐松：《宋會要輯稿》，第一百二十三冊，《食貨六》，第 4900頁。

263　（宋）李心傳：《建炎以來朝野雜記》甲集卷一七《本朝視漢唐戶多丁少之弊》。

264　（宋）李燾等：《續資治通鑑長編》卷四《太祖》。

丁。宋代官方每年例行戶口記載中的口，是指狹義而言，並不含女口，因此每戶平均口數實際就是每戶平均丁數。[265]那麼，如果通計女口的話，宋代江西戶口比例又是怎樣的情況呢？王安石曾言：「撫之為州，民之男女以萬者五六十」，而崇寧時撫州戶數十六萬餘，口數為三十七萬餘，戶均口數為二點三一，比王安石所說的男女人口數量少了許多。

值得注意的是，遇上災荒年景，地方官請求賑濟災民，這時受災地區的各類人口將會在通行制度以外得到重視。如《宋會要輯稿》之《食貨六九·戶口雜錄》記載道：

> 知隆興府龔茂良言：「……又諸縣戶口，各有版簿，欲並老幼丁壯，無問男女，根括記籍。帥臣監司總其實數，明諭州縣，自今以始，至於來歲賑濟畢事之日，按籍比較戶口登耗」。詔依。[266]

根據以上材料來看，龔茂良「老幼丁壯，無問男女，根括記籍」的建議得到了朝廷的許可。這並非通行的制度，仍是為災荒救濟而制定的臨時政策，故無法為我們提供有規整時間序列的各地區實際男女人口數量，但卻為我們瞭解江西某些地區實際人口

---

[265] 梁庚堯：《南宋的農村經濟》，新星出版社，2006 年版，第 51 頁。

[266] （清）徐松：《宋會要輯稿》，第一百六十一冊，《食貨六九》，第 6370 頁。

數量開闢了一條路徑。如果仔細檢索文獻資料，我們可以發現，在宋代的江西恰好有因賑濟或安撫流民而上報戶口的例子：如朱熹在知南康軍任上時，就曾因當地大旱災開列饑民 29578 戶，內大人 137607，小兒 90276，合計 227883 口，戶均人口 7.7 人；[267]嘉泰四年（1204）三月知撫州陳著壽稱撫州災民戶 39000，口數 185690，戶均人口 4.76 人；[268]南宋淮民流移到奉新縣的規模相當之大，據程敏政《新安文獻志》所載，流移奉新縣的淮民戶數為 6000，口數為 60000 人，戶均人口達到 10 人之高。[269]梁庚堯據此指出，以上這些官方戶口記載，是為了安置流民和賑濟災荒而作的臨時統計，沒有漏口和析戶的必要，而且無論男女都需要得到救濟，雖有冒領浮報的可能，但在流移或災荒中，因離散、死亡也可能使口數較原有為少，兩者相平衡後，每戶平均口數仍較官方例行戶口記錄者高出了許多。[270]這類官方提供的戶口資料，對於我們認識當時實際人口狀況具有相當重要的意義。

　　從前面的論述可知，兩宋時期是江西地區戶口增長的重要階段，這一時期江西地區人口增長速度遠遠超過以往任何時期。戶口的大幅增長，主要是由本地人口的增加以及外來移民所貢獻出

267　（宋）朱熹：《晦庵集·別集》卷七《奏乞推賞賑濟上戶》。

268　（清）徐松：《宋會要輯稿》，嘉泰四年三月二十七日知撫州陳著壽言。

269　程敏政：《新安文獻志》卷七〇《金文剛墓誌銘》。

270　梁庚堯：《南宋的農村經濟》，新星出版社，2006 年版，第 56 頁。

來的。唐、五代時期由北方遷入的家族，早已定居生根、繁衍生息，使江西各地的人口基數極大地擴大。許懷林根據新版地方志、地名志資料隨機對德興、永新、寧都、宜豐、金溪、永豐、資溪、黎川八縣唐宋建村形勢作了詳細地展示，**271**通過比較分析許氏指出，兩宋及其以前共建村 1374 個，其中唐、五代（含唐以前）建村占 23.5%，北宋占 32.8%，南宋占 43.7%，兩宋共占 76% 以上，是經濟開發區快速擴展的生動說明；宋代開基的 1051 個新村中，由外省入遷建村的為 107 個，只占 10% 多一些，而因本縣家族人口繁衍，擴建開基的新村為 436 個，占 41% 以上，由鄰縣民戶拓展而來建村 295 個，占 28%，兩者合計為 69% 以上，可見江西本地人口增殖，是促使人口持續上升的主要原因。

在增加的人口數量裡，除了本地人口增加外，還有一部分為北方遷入的移民。北方流民武裝集團大批湧入是南宋初年江西境內移民猛增的主要原因。北宋末年靖康之亂以後，金對宋的戰爭，使中國北部和中部廣大地區的生產力遭到嚴重破壞，不堪忍受戰亂和壓迫的北方人民，紛紛南遷，從而形成一次規模巨大的人口流動。建炎三年（1129），駐紮在南昌的范瓊稱：「招到淮南、京東盜賊十九萬人」**272**；隆祐太后率官民遷入江西，朝廷

---

271 許懷林：《江西通史・北宋卷》，江西人民出版社，2008 年版，第 32 頁。

272 （宋）李心傳：《建炎以來繫年要錄》卷二十五，建炎三年秋七月丙戌。

又規定「官吏士民家屬南去者，有司毋禁」[273]，在這樣的背景之下，除大批宗室和文官隨太后遷入江西外，還有諸多平民百姓亦隨之入江西，以致出現「建炎之後，江、浙、湖、湘、閩、廣、西北流寓之人遍滿」[274]的盛況。吳松弟教授在《中國移民史》中，對有確切歷史記載、有據可考的南遷入江西各州的人口數量作了全面而系統的統計，茲據相關遷入者統計資料清單2-11如下：

表 2-11　南宋江西各府州外來移民分布　（單位：人）

府州名	移民總數	始遷者
吉州	52	40
信州	38	28
江州	17	17
撫州	20	15
饒州	29	13
洪州	19	10
袁州	13	6
臨江軍	9	5
南康軍	5	3
筠州	2	2
建昌軍	8	2

273 （元）脫脫等：《宋史》卷二十五，本紀第二十五，《高宗二》。
274 （宋）莊綽：《雞肋編》卷上，《文淵閣四庫全書》本。

續上表

府州名	移民總數	始遷者
贛州	1	1
南安軍	2	1
合計	215	143

資料來源：吳松弟：《中國移民史》第四卷《遼宋金元時期》，福建人民出版社，1997年版，第334-341頁。

　　表2-11不僅充分展示了南宋時期北方移民進入江西各區的分布，更直接的是提供了各區移民相對準確的資料。南宋時期江西各地區接收了大量的北方移民，其中又以吉州、信州、饒州、江州、撫州最為突出。茲以吉州為例，從表2-11中我們不難看出，吉州在接收南遷人口無論是始遷者數量，還是移民總數，都是領先於其他州軍。吉州是南宋初期江西南遷移民的中心，吉州重要的地理位置使其成為南遷人口奔湖廣主要路徑之一，而安福縣位於吉州西北「當吉、袁之沖徑路也。方艱難時，東北士大夫奔荊湖交廣者必取道於是」[275]。靖康之亂後，中原人口大批南遷，茲參照各類正史、文集之墓誌銘所舉證數例個案如下[276]：

　　　　王師道，「字居中，兗州人。為人沈勇。任吉州粟傳砦

---

[275]　（宋）王庭珪：《盧溪文集》卷四六《故保義郎劉君墓誌銘》，《文淵閣四庫全書》本。

[276]　劉文傑：《宋代吉州經濟研究》，南昌大學碩士論文，2007年，第32頁。

巡檢⋯⋯遂死。立廟其地⋯⋯官其二子」。[277]

（寧宗時名相周必大的祖父周詵）世居鄭州管城縣，祖秦公通判吉州，遇亂不能北歸，因家焉。[278]

王輝，「青州人，亦嘗為栗傳砦巡檢⋯⋯官至正使，寓吉州」。[279]

尚氏，「世為相州，安陽人⋯⋯靖康間⋯⋯挾之以逃亂⋯⋯自南渡，遭家多難，遺孤滿目⋯⋯以疾終於盧陵」。[280]

曹毅，靖康之亂，「從隆祐太后，辟兵過盧陵，因家焉」。[281]

李氏，「其先魯人，宋靖康、建炎間，避金難轉徙而南，顛頓十數年，始履吉之境，當時閔恤流民，令所在郡縣安養，李氏自出力闢曠土，得田四百畝，請於官，官畀之為世業」。[282]

---

277 （元）脫脫等：《宋史》卷四百五十三，列傳第二百一十二，《忠義八‧王師道》。

278 （宋）陸遊：《渭南文集》卷三十八《監丞周公墓誌銘》，《文淵閣四庫全書》本。

279 （元）脫脫等：《宋史》卷四百五十三，列傳第二百一十二，《忠義八‧王輝》。

280 （宋）周必大：《文忠集》卷三六《伯母安人尚氏墓誌銘》，《文淵閣四庫全書》本。

281 （元）袁桷：《清容居士集》卷二八《曹氏弘墓誌銘》，《文淵閣四庫全書》本。

282 （元）吳澄：《吳文正集》卷六三《題李氏世業田碑後》，《文淵閣四庫全書》本。

　　由此觀之，南宋時期北方人口多因避戰亂而遷入江西，其規模相當之大，影響亦相當深遠。他們或在江西任職做官，或者直接「因家」吉州，也有相當多的下層移民進入吉州從事農業墾殖活動，如山東李氏便是較為突出的例子。李氏於靖康、建炎間到達吉州，「自出力闢曠土，得田四百畝，請於官，官畀之為世業」。這些普通民眾的到來，極大地推動了宋代江西土地的墾闢，更加促進了宋代江西社會經濟的向前發展。

二、明代江西人口的變化

　　由宋至元，江西各路州人口有升有降。元軍在江西的江州、饒州、信州、撫州、隆興府豐城等地均遭到抵抗，宋軍與元軍反復爭奪饒州，文天祥在江西東南部、南部的抗元活動持續數年，與元軍爭奪贛州、吉州、廣昌軍和撫州，對元初江西人口分布造成極大影響。至元二十七年（1290）江西全境有戶兩百四十四點八萬，較南宋嘉定十六年（1223）的兩百六十八萬略有減少，期間的年均增長率為負千分之一點三五，其中尤以撫州路、建昌路、贛州路下降明顯。如贛州人口的銳減情況，至元間的人口數只有南宋中期寶慶間的百分之二十二；除此以外，臨江路、瑞州路、饒州路、龍興路豐城縣等地則因幾乎沒有受到宋元戰爭影響，反而接受了相當數量的外來人口，以致呈現在南宋基礎上有所增長的情況。元貞元年（1295），江西饒州路大批縣因戶口增

多而上升為州，表明元中後期江西人口在繼續增長。²⁸³從整體情況上看，元代江西境內的人口分佈以鄱陽湖沿岸、贛江中下游及其主要支流所在的平原地區如南昌、饒州、吉安、鄰近、撫州等地為人口的主要聚集區，而地處贛南、贛東北、贛西北及東、西邊境山區，大部分地區仍屬地曠人稀。²⁸⁴

歷經元末明初的戰亂後，江西上述人口增長分布狀況在明代初年依然沒有改變，如據《明太宗實錄》所載：「永樂三年十一月乙巳，撫安江西給事中朱肇言：『先因九江、南康二府多荒閒田，令有司招致各府縣有丁無田及丁多田少之民任便開墾。』」²⁸⁵明中期以後，隨著社會變遷的加劇和統治者的剝削加重，贛北山區人口衰減十分迅速，至明後期，山區人口每平方公里僅在二十人左右，贛北河谷丘陵地帶農業日漸萎縮，山區更為荒涼，流民運動就在這樣的歷史背景下展開。²⁸⁶而在贛南及周邊地區，楊士奇有言稱：「贛為郡，居江右上游，所治十邑皆僻遠，民少兒散處山溪間，或數十里不見民居。里胥持公牒徵召，或行數日不底其舍。而岩壑深邃，瘴煙毒霧，不習而冒之遮病，而死者常什

---

283 吳松弟：《中國人口史》第三卷《遼宋金元時期》，復旦大學出版社，2000 年版，第 494-497 頁。

284 方志遠、謝宏偉：《江西通史・明代卷》，江西人民出版社，2008 年版，第 105 頁。

285 《明太宗實錄》卷八四，「永樂三年十一月乙巳」條。

286 曹樹基：《明清時期的流民和贛北山區的開發》，《中國農史》1986 年第 2 期。

七八。」**287**至成化年間，依然是「南、贛二府地方，地廣山深，居民頗少，有等富豪大戶不守本分，吞併小民田地，四散置為莊所。鄰近小民畏避差徭，攜家逃來，投為佃戶，或收充家人」的局面。**288**直至明中後期，這一狀況才有所改變，隨著社會經濟的不斷發展和閩粵移民的紛紛進入（參見上節的論述），江西贛南、贛北廣大地區經歷了一個社會轉型、人口增長和區域開發同時進行的過程。以下即擬在前人研究的基礎之上，對整個明代江西區域的人口增長大勢和變化實際情況作一闡述。

1. 明前期江西分府戶口統計及人口增長情況

根據著名人口史學家何炳棣的研究，在明清時期的眾多戶口數字中，洪武二十四年（1391）**289**、乾隆四十一年（1776）、一九五三年的戶口數字具有比較高的可信度。就明代戶口資料而言，何氏指出：「由於明太祖時期的人口統計在中國大部分地區無論就其條令規則還是實際效果而言，都相當接近現代人口調查，因此對近代早期的中國人口研究具有較高的價值。」**290**曹樹

---

287 （明）楊士奇：《東里文集》卷六《送張玉鳴序》。

288 （明）戴金編：《皇明條法事類纂》下冊附編《禁約江西大戶逼迫故縱佃僕為盜其窩盜三名以上充軍例》，古典研究會，1966 年版，第 719 頁。

289 根據曹樹基的考證研究，「所謂『洪武二十四年』戶口數，其實就是『洪武二十六年』戶口數」，參見所著：《中國人口史》第四卷《明時期》，復旦大學出版社，2000 年版，第 46-48、102 頁。

290 〔美〕何炳棣，葛劍雄譯：《明初以降人口及其相關問題（1368-1953）》，三聯書店，2000 年版，第 4 頁。

基關於明清時期人口數字的推測也相當重視這三個年份數字的作用，在他關於明時期的《中國人口史》中，對洪武時期全國數省分府資料進行了估算，這就為本節探討明初江西的分府戶口的分析奠定了基礎。曹氏根據嘉靖《江西通志》的記載列出洪武二十四年（1391）江西分府戶口相關資料，如表 2-12 所示：

表 2-12　洪武二十四年（1391）江西分府戶口

府名	戶數	口數	戶均口數
南昌	196948（196899）	1110444（1114342）	5.6（5.7）
饒州	163164（163164）	821111（921111）	5.0（5.6）
廣信	88089（88087）	480410（486229）	5.5（5.5）
南康	30710（30710）	196549（196389）	6.4（6.4）
九江	15207（15200）	78278（84948）	5.1（5.6）
建昌	114572（114547）	513116（513116）	4.5（4.5）
撫州	228575（228575）	1201797（1201797）	5.3（5.3）
臨江	134210（134212）	552874（546111）	4.1（4.1）
吉安	343791（343796）	1717933（1718233）	4.9（5.0）
瑞州	88701（88701）	428002（428602）	4.8（4.8）
袁州	73082（73082）	383349（383349）	5.2（5.2）
贛州	87993（87993）	366361（366361）	4.2（4.2）
南安	17968（17968）	74958（74958）	4.2（4.2）
合計	1583010（1582934）	7925485（8041412）	5.0（5.1）

資料來源及說明：嘉靖《江西通志》卷四《藩省·戶口》；參見曹樹基：《中國人口史》第四卷《明時期》，復旦大學出版社，2000年版，第 52、53 頁；（ ）中為分縣累加數。

　　表 2-12 中的資料還顯示，就每戶平均口數而言，各府州戶口比率不再是戶均一至二人，而是恢復到了四至七人這一比較契合一般家庭實際的水準；洪武時期江西人口較為密集的地區仍屬贛北鄱陽湖平原地區及贛中盆地，以吉安、撫州、南昌為最，次為饒州、臨江、建昌、廣信、瑞州、袁州、贛州等地，九江與南安最少。曹樹基指出，嘉靖《江西通志》所載洪武二十四年戶數為 1583097，口數為 7925185，而《明太祖實錄》所載戶數為 1566613，口數為 8105610，與表 2-12 分府資料均不吻合，表明各種資料統計口徑有所出入。分縣累加數中誤差最大的是饒州府，相差整整十萬，其餘則相差無幾。

　　隆慶《臨江府志》卷7關於洪武二十四年（1391）戶口資料記載為戶數為 127218 戶，口數為 855087，戶數較嘉靖《江西通志》數據為少，口數則要比 552874 這一數字多出三十點二萬。如果將洪武二十四年、乾隆四十七年（1782）、道光元年（1821）、一九五三年的臨江戶口數進行比較，若臨江府口數為五十五點三萬時，該府人口在江西總口數中的比例為百分之六點七，與其他幾個年份該府在江西全省總口數比例相似；如果認為洪武口數為八十五點五萬，那麼它在這一年全省總口數中的比例達到百分之十以上，顯然不符合實際。這就表明，嘉靖《江西通志》所載臨江府洪武時期戶口數據較隆慶《臨江府志》所載數據可信。**291**

---

291 曹樹基：《中國人口史》第四卷《明時期》，復旦大學出版社，2000年版，第 52、53 頁。

2. 明中後期江西的人口增長及其地區分布

對於明代中後期的人口數字，學界一般認為難以相信它的真實性。雖然明太祖時期的戶口登記包括了絕大多數人口，但在編完了洪武年間的黃冊不久，政府對人口問題的興趣已經轉到賦稅方面去了，法令規定以後編造黃冊時重點應該是十歲以上的男子，名單上十歲以上的男孩必須以年齡為序登記，以便他們在年滿十六歲時能及時編入充役名單。這一規定本身與原來登記全部人口的規定並不抵觸，但是這一規定必然給地方官和戶口登記留下相當大的餘地。因為它只要求人口中的有意義部分——納稅人口——能夠載入十年一度編造的黃冊即可。只要人口登記的重點轉為財政賦役，對口數、女子數，甚至對戶數就會漫不經心。這一人口登記政策的方向改變與地主豪紳隱瞞、官員營私舞弊等因素相結合，明代的人口資料離事實越來越遠就很正常了。也就是說，只要一個地方能夠或多或少的承擔同樣的賦稅和勞役總額，戶和口的數字就很少有實際意義，變得可有可無，戶口登記也就會流於形式。[292]如據萬曆《南昌府志》卷七《戶口》按語所載：

> 隆慶六年後，（南昌府）戶幾三十萬，口幾玖拾萬，此著成丁者耳。其未成丁及老病男女奚啻百萬，而每戶未報者總亦不下數十萬。流民移戶，尚不在此數，是幾貳百餘萬口

292 〔美〕何炳棣，葛劍雄譯：《明初以降人口及其相關問題（1368-1953）》，三聯書店，2000 年版，第 3-27 頁。

也。[293]

　　隆慶間南昌府屬官方統計的戶數只有約三十萬，口數則大約九十萬，這都是指應役當差的「成丁」資料，並未包括未成丁和老幼病殘的百萬人口，綜合各類人口數字，隆慶六年（1572）南昌府總人口幾乎可達兩百五十萬左右。

　　曹樹基利用萬曆《南昌府志》所提供的從洪武十四年（1381）到萬曆十四年（1586）戶口數據對南昌府從洪武到永樂、從永樂到弘治、再到隆慶六年這幾個節點內無論是年均增長率、還是戶數與口數比例關係，均作了細緻的辯證分析，最後得出了洪武以後的人口調查已經完全改變了其性質的結論；從洪武到萬曆間的戶數和口數之間的關係已然發生了變化，因其不再能反映南昌府的真實人口情況而無法被利用。但是，如果上引按語材料關於隆慶六年（1572）後南昌府人口的分析可以成立，即綜合各類人員相加，則可明白南昌府當年人口總數已達到兩百五十萬，洪武二十四年以來的人口年平均增長率則達到千分之四點五之多。[294]這一增長比率在南昌府屬靖安縣、寧州、武寧縣戶口的變化中同樣得到體現，明中期以後諸多縣份在籍戶口數不斷下降之時，靖安、武寧、寧州三縣的戶口卻在上升。曹樹基認為，

---

293 萬曆《南昌府志》卷七《戶口》。

294 曹樹基：《中國人口史》第四卷《明時期》，復旦大學出版社，2000年版，第 231、232 頁。

這或許說明靖安等三縣在明代中期一直採用與洪武時期同樣的統計口徑。如果將洪武二十四年（1391）三縣的總人口數與嘉靖初年的人口數對比，算出口數的年平均增長率仍是千分之四點五。[295]

　　贛中地區早在唐宋時期就一定得到較好的開發，該區人口密集，人口自然增長率低。曹樹基依據江西各府不同的年平均增長率對明代後期的江西各府人口進行了測算，他指出，從洪武二十四年到清代乾隆四十一年（1776）南昌府的年均增長率只有千分之二點六，但如果加上順治間清兵圍城之役導致高達數十萬的人口死亡數字，南昌府的人口年均增長率仍可達到千分之四點五；同樣的，同一時期的廣信、建昌、瑞州、臨江等府年均增長率為千分之二，饒州、吉安、袁州的人口年增長率只有千分之一左右，而撫州則只有千分之〇點五，有證據表明，此大部分府州也都遭受了清兵南下或者「三藩之亂」戰爭的破壞，導致人口的銳減，如果排除這一因素，從洪武二十四年到崇禎三年（1630），江西中部、北部大部分府州的人口年均增長率達到三點四是沒有問題的。[296]

　　贛南地區的情況有些特殊，在北宋末年到南宋中後期之間贛南出現了戶口的快速增長，元初則除南安外，戶口數普遍急劇下

---

295 曹樹基：《中國人口史》第四卷《明時期》，復旦大學出版社，2000年版，第232頁。

296 曹樹基：《中國人口史》第四卷《明時期》，復旦大學出版社，2000年版，第278頁。

降。宋末元初的戰爭使得贛州人口損失了百分之八十以上。吳小紅在《江西通史·元代卷》中指出，《元史·地理志》所載至元後期江西戶口登記存在造偽現象，但仍可部分地作為分析元代江西人口狀況的依據。[297]據該志所載，至元二十七年（1290）官方冊載贛州路、南安路口數分別為285148口和303666口，南安路口數一度超過贛州路。很顯然，元初這一區域戶口數量的增減和宋末元初文天祥以該區域為主要的抗元戰場有關。不過，我們不能把戶口的減少完全歸因於戰爭，更重要的是該區域長期的動盪的局面，使元廷並不能很好地控制該區域，特別是大量的「化外之民」沒有被納入官方的統計系統。[298]換言之，元代該區域真實人口並不是真的減少，而是官方掌握的戶口數字減少。

明代初年贛州府官方提供的民籍人口為三十六點六萬，南安府人口為七點五萬，贛州府人口較元代有了一定的增長，而南安府則迅速下滑，贛州仍較南宋寶慶年間（1225-1227）人口的一百六十點七萬這一數字相距甚遠。贛南在宋元時期開發的只是生態條件比較好的河谷盆地縣份，寧都、贛縣、石城、興國、雩都五縣都有比較大的河谷沖積平原，而贛南山區的廣大山區縣份則人口稀少，屬於地曠人稀狀態，其開發基本上是在明中期至清中

297 吳小紅：《江西通史·元代卷》，江西人民出版社，2008年版，第48、49頁。

298 黃志繁：《抗元活動與元代贛閩粵邊界社會》，《江西師範大學學報》2003年第5期。

期期間完成。[299]曹樹基根據《明太祖實錄》卷七四所載洪武時期南安府境發生過大疫以及轉引林俊弘治八年（1495）奏議進而推測鼠疫流行導致了贛南人口大量死亡。[300]

　　說鼠疫導致南安府大量人口的驟減或許可以理解，但是如果用這兩條資料來說明整個贛南地區發生鼠疫而使得贛南大量人口死亡的情況，其說服力稍顯單薄。根據筆者所掌握的資料來看，除開流行病的影響外，劇烈的社會變遷其實也是導致贛南官方統計戶口嚴重丟失的重要原因。明中期以後，大量原屬里甲編戶的民人脫離里甲體制，逃亡各地，如據康熙《雩都縣志》記載：「即國初（明初）尚有東西八廂坊，編戶三十里。至正統間則存七廂坊一十七里。今則坊廂減三而里又減六，民之衰耗一至於此。」[301]興國縣的情況亦然，嘉靖間的興國知縣盧寧說道：「本縣五十七里，里長五十七名。本職到任幸不逃亡者僅半耳，後稍招集復業當差。今得四十四名，然半里者已居強半。」[302]盧知縣從當差徵賦的角度感歎里甲逃亡的困境，儘管極力招集復業當差，仍然大多實質上只有半里。時至嘉靖末年，海瑞任知縣時，

299 黃志繁：《「賊」「民」之間：12-18 世紀贛南地域社會》，三聯書店，2006 年版，第 108 頁。

300 曹樹基：《中國人口史》第四卷《明時期》，復旦大學出版社，2000 年版，第 278、279 頁；《贛、閩、粵三省毗鄰地區的社會變動和客家形成》，載《歷史地理》第 14 輯，上海人民出版社，1997 年版。

301 康熙《雩都縣志》卷首《弘治己未序》。

302 （明）盧寧：《清丈事宜》，見《瀲水志林》卷一二《志政‧明文》。

當地仍是「職自到任至今，小民每告稱賦役日增，民多逃竄」，以致出現「人丁凋落，村里荒涼，嶺內縣分，似此蓋絕少也」的局面。**303**

　　與里甲大量逃亡、村莊荒蕪相對照的，是前節所論的閩粵贛流民嘯聚山區開發的喧鬧景象。具體地說，宋元時期，大量的人口聚集在贛南的中東部河谷地帶和汀州等地，明清時期則從贛南的中東部河谷地帶和汀州轉移到贛南和粵東北的山地。綜合萬芳珍《江西客家入遷原由及其分布》對贛南福建籍移民的統計以及曹樹基對進入贛南的閩粵移民情況，**304**我們可以明白，就分布而言，福建移民主要是汀州籍移民占主導，他們大多集中在毗鄰汀州的石城、瑞金、寧都、會昌等地，而到了中部的贛縣、興國、龍南等縣，則廣東和福建移民呈現平分秋色之勢，在贛南的南部和西部等靠近廣東地區，則以廣東移民為主體，福建移民逐漸減少。這種人口的遷徙，主要是指大規模的、可以觀察到的人口流動，而一些「化外」之民隨著官府的招撫活動納入官方統計體系，導致的「人口增長」並不包含在其中。儘管如此，如果拋開贛南地區各種影響人口資料統計的因素，結合乾隆四十一年（1776）贛州府、南安府兩地人口數，並充分考慮外來移民的數

303　（明）海瑞：《興國縣八議》，見雍正《江西通志》卷一一九《藝文》，《文淵閣四庫全書》本。

304　萬芳珍、劉倫鑫：《江西客家入遷原由與分布》，《南昌大學學報》1994 年第 1 期；曹樹基：《明清時期的流民和贛南山區的開發》，《中國農史》1985 年第 4 期。

量，我們仍可得贛南人口年平均增長大約在千分之四的水準。**305**

根據贛北、贛中和贛南地區各府不同的年均增長率，曹樹基對明代後期江西各府總人口進行測算後認為，崇禎三年（1630）江西全省總人口數一千九百三十萬，洪武二十四年（1391）至崇禎三年江西全省的年平均增長率為千分之三點六，這是一個較正常的增長速度，卻也達到了洪武二十四年人口的二點四倍，每平方公里人口密度增加至一百一十七人，**306**表明明代江西人口整體上穩步增長。人口的增多不僅促進了遷入地的社會經濟發展，更推動了江西廣大山區的土地墾闢和農業開發。

人是社會生產力中最活躍的決定因素，特別是在工業化前的傳統時期，人口的多少更是社會經濟發展的重要因素和標誌。人口的增多，為農田開墾、山區開發提供了充足的勞動力，促進了農業生產的向前發展。宋明時期，江西地區人口的增長呈現明顯的時空序列差異：在時間上，宋至明江西各地區的人口增長模式基本延續著社會動盪、戰爭導致大量人口損耗，和平和穩定時期人口穩步增長的模式；特別是戰後社會的相對安定，還吸引著眾多外來人口的遷入，宋代主要是北方人口的南遷，而明代則表現為閩粵移民的大量進入以及贛中地區大量流民進入地廣山深的贛南地區，這些都極大促進了宋明江西地區的土地墾闢和農業生產

305 曹樹基：《中國人口史》第四卷《明時期》，復旦大學出版社，2000年版，第 278、279 頁。

306 曹樹基：《中國人口史》第四卷《明時期》，復旦大學出版社，2000年版，第 279 頁。

的發展。結合前面兩節的論述可知，宋明江西各地區人口迅速增長的時期，其實也正是當地土地墾闢、山區開發的重要時段，反之，如果處於凋敝的狀況，人口數量也自然明顯下降。在空間上，由於江西各區自然地理環境差異明顯，各區的開發程度不盡相同，體現在人口增長層面，亦是發展極不均衡，平原盆地地帶開發較早，唐宋以來就已得到較好地開發，人口也相對密集，穩定時期增長率相對較低，即使受戰爭影響損耗嚴重，也能很快通過吸納外來人口進入墾荒得以恢復；而贛北山區和贛南山區，由於山深林邃，開發相對落後，基本處於地曠人稀的狀態，然而，隨著明代中期以後人口數量的不斷增殖，加上閩粵移民的進入，人口壓力不斷趨於嚴重，江西廣大山區亦是在明清時代得以開發，反過來又促進了江西諸山區人口的增長，這種增長較平原盆地增速幅度往往要大得多。從這個角度上說，以上這種人口增長差異的存在，實際奠定了宋明以來江西地區的人口格局和農業開發的布局。

江西文庫 A0701B12

贛文化通典（宋明經濟卷） 第一冊

主　　編	鄭克強
版權策畫	李　鋒
責任編輯	林以邠
發 行 人	陳滿銘
總 經 理	梁錦興
總 編 輯	陳滿銘
副總編輯	張晏瑞
編 輯 所	萬卷樓圖書股份有限公司
排　　版	菩薩蠻數位文化有限公司
印　　刷	維中科技有限公司
封面設計	菩薩蠻數位文化有限公司
出　　版	昌明文化有限公司

桃園市龜山區中原街 32 號

電話 (02)23216565

發　　行　萬卷樓圖書股份有限公司

臺北市羅斯福路二段 41 號 6 樓之 3

電話 (02)23216565

傳真 (02)23218698

電郵 SERVICE@WANJUAN.COM.TW

大陸經銷　廈門外圖臺灣書店有限公司

電郵 JKB188@188.COM

ISBN 978-986-496-225-9

2018 年 1 月初版

定價：新臺幣 360 元

如何購買本書：

1. 轉帳購書，請透過以下帳戶

合作金庫銀行　古亭分行

戶名：萬卷樓圖書股份有限公司

帳號：0877717092596

2. 網路購書，請透過萬卷樓網站

網址 WWW.WANJUAN.COM.TW

大量購書，請直接聯繫我們，將有專人為您

服務。客服：(02)23216565 分機 610

如有缺頁、破損或裝訂錯誤，請寄回更換

國家圖書館出版品預行編目資料

贛文化通典. 宋明經濟卷 / 鄭克強主編. -- 初
版. -- 桃園市：昌明文化出版；臺北市：萬
卷樓發行, 2018.01

冊；　公分

ISBN 978-986-496-225-9(第一冊 ： 平裝). --

1.經濟史 2.宋代 3.明代 4.江西省

672.408　　　　　　　　　　107002006

本著作物經廈門墨客知識產權代理有限公司代理，由江西人民出版社授權萬卷樓圖書
股份有限公司出版、發行中文繁體字版版權。

本書為金門大學華語文學系產學合作成果。　　　　校對：陸仲琦